いい味みつけた

金沢・加賀・能登

青田さと子

目次

一年に一度は行きたい　屈指の名店

賓客を連れて　石川の美味に酔う

心地よい空間で　気が置けない人と

ふるさとが凝縮　ソウルフードあれこれ

喉で味わう幸せ　極みの麺

ふらり立ち寄り 一服カフェ

テイクアウトの逸品

※本書は、読売新聞石川版に２００４年４月から２０１４年12月まで連載された「いい味見つけた」を加筆修正したものです。
※掲載の情報は２０１５年２月時点のものです。発行後に変更になる場合がありますので、事前にご確認ください。
※料理、商品の写真は取材時のものです。季節や仕入状況により内容が異なる場合がありますので、ご注意ください。

一年に一度は行きたい 屈指の名店

割烹つづみの
合鴨治部煮《じぶに》

合鴨治部煮に磨きかける

和倉の名宿加賀屋グループの旅館。併設の割烹で食事が楽しめる。

堂々たる風格の玄関に足を踏み入れるやいなや笑顔でお出迎え。丁寧でそつのないもてなしに感服する。支配人の細川卓司さんは「人と人とのつながりを大切にしています」と話す。

総料理長の宇小藤雄さんは、3月の北陸新幹線金沢開業に向け、郷土料理「合鴨治部煮」に磨きをかけたいと張り切っている。「椀のふたを開けたとき、驚きと感動のあるものに」。

治部煮の定番の食材といえば、すだれ麩、花麩、シイタケなど。肉は鴨にこだわる。これに、金沢ならでは季節ものを盛り込む。新たな合鴨治部煮に期待が高まる。春は、ワラビ、タケノコ、夏は、加賀ツルマメ、トウガン、秋はシイタケやマイタケなどのキノコが主体となる。

食材の持ち味を生かすため、各々個別に下味をつけて調味する。小麦粉をまぶした鴨肉を、あんのだしにくぐらせてとろみをつける。おいしく仕上げるため、火を通し過ぎないよう心を砕く。添えられたワサビをあんに溶いて食べる。

宇小さんは「金沢にお越しの際は、ぜひ合鴨治部煮を召し上がっていただきたい」と話している。

総料理長

宇小 藤雄さん

MENU

治部煮 1200円

昼御膳「満福御膳」2500円

昼御膳「金沢御膳」5000円

つづみ会席 8000円

(いずれも税別)

料理旅館金沢茶屋 割烹つづみ

金沢市本町 2-17-21

076-231-2225

11:30 ～ 14:00LO、17:00 ～ 21:30LO

無休（なるべく予約が望ましい）

8台（要連絡）

つる幸の

花コース

金沢きっての名料亭で、その名は、全国の食通にも知られるところ。2代目店主の河田康雄さんは、伝統の味を守りつつ、自身の感性も献立に取り入れている。近江町市場に毎朝足を運び、食材の顔を見ながらメニューを決めていく。河田さんは「走りのものや、つやつや輝くきれいな食材が目に入ると、はっと心が動き、新たな料理がひらめきます」と話す。

和の域越える10品コース

世界三大珍味のトリュフ、フォアグラ、キャビアといった和の域を越えた食材も大胆に用いる。「意表をつく食の組み合わせで、お客さまに喜んでいただきたい」。河田さんの洗練された遊び心が光る。

おすすめの「花コース」は、全10品が付く。味わいや香り、食感が異なる変化に富んだ構成で客を楽しませる。八寸に組み込まれる「トリュフの茶碗蒸し」は、トリュフ独特の風味、卵、チーズのコクが互いを引き立てあい絶妙な味わい。

「能登牛の鍬焼き」は、能登牛サーロインをサイコロ形に切る。フライパンで焼き目を付けた後、特製の甘めのタレで軽く煮る。余熱を利用し、絶妙な弾力に仕上げるなど、細かな仕事を施す。付け合せのイチジクは、軽く焼き、タレと合わせる。アクセントに、さわやかな実山椒を添えた。

店主
河田 康雄さん

MENU

花コース（昼・夜）1万5000円
昼のミニ会席　竹コース 10品付き 5000円
（いずれも席料、サービス料、税別）
※季節により献立が変わる

懐石 つる幸《こう》

金沢市高岡町 6-5
076-264-2375
11:30 ～ 15:00、17:30 ～ 22:00
不定休
8台

嗜季の
コース料理

技とセンスが光る創作和食

浅野川のほとりに建つ情緒ある茶屋造りの店。料理は懐石風で、旬の趣向を取り入れ、見た目も優雅に演出される。

夏のメニューの一例を挙げると「ピュアホワイトのすり流し」は、北海道産の白いトウモロコシのすり流しに、赤ウニを添えた。周りにトウモロコシの空揚げを散りばめる。食感のアクセントに、カツオだしのゼリーをしのばせるなど技が光る。

味付けは、カツオベースで、素材の風味を生かす。地元の新鮮な魚介や野菜を主に全国の食材も用いる。カウンター越しに、店主で料理人の今井友和さんの丹念な仕事ぶりが見られる。

今井さんは、かつて金沢市片町にあった人気の創作料理店に10年勤めた。その傍ら、京都の割烹へ3年間修業に通った。割烹の大将と出会い、料理への意識が変わったという今井さんは「日本料理の伝統を守りながらさらに、進化させたい」と意気込む。

吟味された器、しつらえ、調度品など、随所にセンスとこだわりが感じられる。

明治維新後に誕生した茶屋街「主計町《かずえまち》」。町名は、加賀藩士の富田主計の屋敷があったことに由来する。２００８年に国の重要伝統的建造物群保存地区に選定されている。

茶屋造りの建物も見もの

MENU

昼コース 3500円

夜コース 5800円

（いずれも税別）

嗜季《しき》

金沢市主計町 2-10
076-282-9840
11:30 ～ 13:00、17:30 ～ 23:00LO
予約制
不定休
駐車場無し

大友楼の
治部煮《じぶに》

正統な加賀料理を今に伝える名門料亭。季節のしつらえや風情ある庭、器づかいとともに忘れがたい美味が楽しめる。

3代目加賀藩主、前田利常の頃から、御膳所の料理方を代々務める。

加賀藩御膳所の伝統そこかしこに

前田家伝統の料理技法「四條流」を儀式とともに継承する。

江戸期から伝わる郷土料理「治部煮」を作ってもらった。鴨肉に小麦粉をまぶし、だし汁で煮てとろみを出す。下処理をした季節の野菜やすだれ麩と合わせ、ワサビをのせて仕上げる。鴨肉の代わりにカキ、夏はイワシも使うなどバリエーションに富む。磨き抜かれた料亭の味覚に、もてなしの心が宿る。

7代目主人の大友佐俊さんによると、治部煮の語源は「じぶじぶと煮る」の擬声語に由来する。本来、料理名は治部だが、煮物なので戦後、語尾に「煮」がつけられたという。

器は、浅手の治部椀を用いる。大友さんは「治部煮のためだけに専用の器をしつらえる。そこが加賀の食文化の質の高いところです」と語る。

漆塗りの椀には、ホタル、波など繊細な蒔絵が施されている。多種多彩な文様の中から季節や具材と調和するものを選ぶ。「器の景色に負けないよう感性を磨け」は、大友楼に代々伝わる精神である。

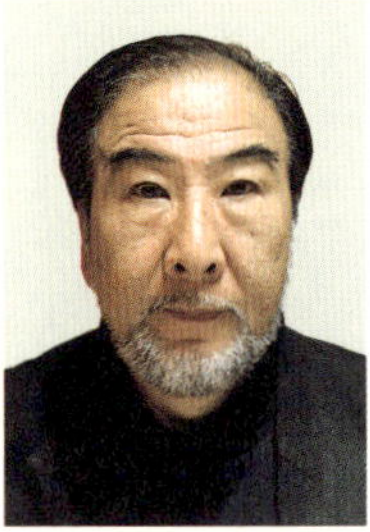

主人
大友 佐俊さん

MENU

加賀料理　昼 6000 円～

加賀料理　夜 1 万 2000 円～

（いずれもサービス料、税別）

料亭 大友楼《おおともろう》

金沢市尾山町 2-27
076-221-0305
11:00 ～ 19:00 までに入店
無休（要予約）
4 台

山乃尾の
会席料理

老舗の技を尽くした美味

１８９０年創業の老舗料理旅館。手入れの行き届いた２０００坪の庭園に、趣の異なる離れが７棟建つ。人気の「弥生の間」からは、紅殻《べんがら》格子の建物が続くひがし茶屋街を望む。風情あるたたずまいで、一歩も外に出たくなるほど居心地がよい。

魅力はこれだけにとどまらない。地元食材を主にした料理は、忘れられないほど美味で、ぜいたくな気分が味わえる。

コースの１例をあげると、「焚合」は、手間をかけてそれぞれの具材に下味をつけてからたき合わせる。エビは、素揚げして素材の香ばしさを引き出す。芳しい焼き湯葉と、とろとろのひきあげ湯葉の食感の違いも堪能できる。エビの赤やキヌサヤの緑など彩りも美しく、緻密な計算と職人技が凝縮する。

「香箱《こうばこ》ガニ」の酢の物はカニそのものの風味が存分に楽しめる。女将の本谷知子さんは「素材の持ち味を生かすため、手を加え過ぎないようにしています」と話す。えりすぐりの器が、繊細な料理を一層引き立てる。

かつて、書家・陶芸家の北大路魯山人が若い頃に滞在し、料理、陶芸の研究に精を出した宿としても知られる。ロビーには、晩年の作品が展示されている。

山門を境に別天地に誘われる

MENU

会席料理（昼）8000円～

（夜）　1万円～

（いずれもサービス料、税別）

山《やま》乃《の》尾《お》

金沢市東山 1-31-25
076-252-5171
10:00 ～ 21:00
不定休（要予約）
7台

千取寿しの

にぎり

かまど炊きのシャリが評判

　金沢を代表する寿司屋の一つ。土地の恵を余すことなく生かした上品な寿司が楽しめる。

　評判のシャリは、昼夜の寒暖差が大きい山あいのおいしい米を厳選。百年水といわれる白山伏流水で仕込み、昔ながらのかまどで炊く。口に含むとふんわりほどけ、ネタと絶妙に絡み合う。3代目店主の吉田和久さんは「まき炊きの米は、冷めにくいため、調度よい温かさで提供できる」と話す。

　ネタは極力、近海ものを使用する。旬にもこだわる。春はトリガイ、夏は能登沖のマグロをはじめ、コチ、キジハタ、秋には底引き網解禁で小ものの魚介が入り、冬はヒラメ、カニ、ブリと季節のネタが並ぶ。

　のりは厚み、甘み、口に残る香りを大切にする。上がり（茶）は、白山伏流水をヤカンで沸かしている。付け合せ程度のガリも自家製で、ショウガを削ることから始める。一つとして手を抜かない職人の仕事が生きている。

　気さくな板さんとの会話もごちそうのうち。観光客や有名人も多く訪れる。

　創業は１９５３年。97年に改装した店内は、しっとりとした和の風情が漂う。一角に設けた小さな池には、鯉が優雅に泳ぐ。

のれんの大きな文字が目を引く

MENU

にぎり　並　1人前 1600円（税別）
　　　　中　1人前 2300円（税別）
　　　　上　1人前 2800円（税別）
　　　特上　1人前 3000円（税別）
百万石の鮨 3800円（税込）

千取《せんとり》寿《ず》し

金沢市石引 1-17-2
076-221-5057
11:00 ～ 23:00
木曜休
8台

料理小松の おまかせコース

季節感じる真摯な味わい

客を迎える約1時間前から丹念にカツオを削り始める。「日本料理は、だしが命」と、店主の小松隆行さん。「気持ちを込めてやっている。それが伝われば、お客さんはまた来てくれる」。削りたてのカツオと昆布だしを生かした料理は、小松さんの人柄そのままの真摯な味わい。

おまかせコースの内容は月替わりで、一つのコースに、走り、旬、なごりが感じられるよう献立を組み立てる。食材は地物を中心に用いる。温かいもの、冷たいものと温度に緩急をつけ、色合い、味、量にも心を砕く。

5月のコースの一部、八寸と吸い物を作ってもらった。八寸は、愛らしい器に一品ずつ盛り付けられ、秋田杉のワッパで供される。「蒸しアワビ」、「錦卵にクルマエビ」など、どれもひと手間と工夫が凝らされている。

吸い物は、アイナメに一番だしを張り、ユズの花をあしらった。だしのうま味と立ちのぼるユズの香りが楽しめる。

輪島塗、京焼など、多様な季節の器も見応えがある。小松さんは「こだわりの器も合わせて鑑賞してほしい」と話す。季節の食材が出回る頃を見計らい、何度でも足を運びたくなる一軒だ。

店主
小松 隆行さん

MENU

おまかせコース 1万円（税込）～

料理小松

金沢市鱗町 86-1
076-224-0118
18:00 ～ 21:30LO
日曜休（要予約）
駐車場無し

杉の井の
大杉会席

犀川のほとりにある明治末期の邸宅を生かした料亭。

おすすめは端麗な「大杉会席」。会席の流れを汲んで、先付に続いてタイ、マツタケ、焼きサバの3種類の「手まりずし」が出される。

香りと食感を楽しむ会席

タイは、丸く握ったシャリに、新鮮なタイをのせ、香気漂う菊花びらと梅肉を飾り付けた。シャリとの間にも湯がいた菊花をしのばせ、香りと食感を楽しませる。

「焙烙《ほうろく》焼き」は、新ギンナン、焼きマツタケなど山海野の自然の恵みがダイナミックに盛り込まれる。野趣と洗練が見事に溶け合い、食べるのが惜しいくらいの完成度だ。

「カマスの杉板焼き」は、杉板にカマスとカボスを挟んで燻す。杉板から煙が立ち、五感で楽しめる。

「赤柄イモのカラスミ焼き」は、里イモの中でもきめ細やかで粘りと甘みが強い赤柄イモを使用する。米の研ぎ汁で2回ゆでこぼし、軽く味を付ける。塩で風味付けした自家製の粉末カラスミをふって焼くなど手間隙かける。もっちりとした歯ごたえの「レンコンの万年煮」も絶品。

社長の越沢晃一郎さんは「お客さまに喜んでいただくため、献立を決めてから食材を求めるのではなく、食材に求められたものを献立にする」と話す。

社長
越沢 晃一郎さん

MENU

大杉会席約 10 品付き 1 万 9950 円
昼の会席 8613 円～
瀬音 5000 円（名物くずきり付）
名物くずきり 1200 円
（いずれも席料、サービス料、税込）

日本料理 杉の井

金沢市清川町 3-11
076-243-2288
11:00 ～ 14:00LO、16:00 ～ 20:00LO
月 1 回不定休（夜・昼要予約）
20 台

つば甚の
加能ガニの甲羅鍋

260年受け継がれる名料亭の味

前田家お抱え鍔《つば》師、鍔屋3代目甚兵衛が小亭「つば屋」を開いたのが1752年。以来、加賀百万石の迎賓館として、名だたる客人をもてなしてきた。

料理は加賀料理の神髄を貫き、格調高い形で供される。見た目の美しさもさることながら、味も付け過ぎないよう心がける。調理長の川村浩司さんは「味は抑えるもの。それが食材の良さを一番生かせる」と言う。

会席料理は月替わり。川村さんは「日本料理のよいところは、食材から季節の移ろいが感じとれるところ」と話す。

冬の味覚の「加能《かのう》ガニの甲羅鍋」は、鍋に見立てた甲羅に、カニのすり流し、カニ足、巻きユバ、白髪ネギ、カニみそが盛り込まれる。濃厚なカニの風味が口いっぱいに広がる。

「香箱《こうばこ》ガニの押し寿し」は、すし飯とゆでた香箱ガニの外子《そとこ》を混ぜる。カニ足、内子《うちこ》をのせ、押しをかける。カニとすし飯がよく馴染み、華やかで芳醇な味わい。

郷土料理「治部煮」に使う鴨肉は、野鴨に近い良質のものを厳選。皮は焼いて香ばしく、中はジューシーでコク深い。すだれ麩、旬の野菜なども入る。専用の輪島塗、または加賀蒔絵の椀で出され、金沢の食文化の高さを感じることができる。

料理長
川村 浩司さん

MENU

会席料理　夜は2万1600円～
(サービス料、室料、税込)
※加能ガニの甲羅鍋と香箱ガニの押し寿しは希望
　によりコースに組み込める

日本料理 つば甚

金沢市寺町5-1-8
076-241-2181
11:00～14:00、17:00～21:00
無休(要予約)。12月26日～1月2日休
10台

シェ・ヌウの
昼のコース

地元食材を生かしたフレンチ

大切な人との特別な会食にこそ訪れたいフレンチの名店。閑静な高台にたたずみ、眼下にのどかな田園風景が望める。

流行を追わず、地元の食材と真摯に向き合い、独創的な料理を提供する。「若い頃は、気負い背伸びもした」と大橋正純シェフ。追求した先にあったのは、素材を生かしたごく自然な料理。口にすれば、ほっと安心しておいしさが実感できる。

昼のコース料理の前菜「自家燻製の海の幸と地物野菜のサラダ」は、季節の野菜と香りのよい燻製、魚介のムースが盛り合わさる。オリジナルのハーブソースなどで味わう。

18歳でヨーロッパの田舎のレストランを巡った。文化や風景にカルチャーショックを受け、それが原動力に。理想のレストランを思い描き、形にしてきた。

ゆったりとしたエントランス（入り口）、メーンダイニング（レストラン）、くつろぎのサロン、器、調度品などすべてに贅が尽くされ、安らぎのひとときを過ごせる。

大橋シェフは「気のきいた料理と空間をトータルで味わってほしい」と話す。

店から出てくる客の満足そうな表情にも納得。常連客がますます増えそうな気配である。

店内からはのどかな田園
風景が望める

MENU

昼のコース 2800円（税別）

※自家燻製の海の幸と地物野菜のサラダは昼のコースの前菜

レストラン シェ・ヌウ

金沢市大桑町カ 392
076-229-4811
11:30 ～ 13:30LO、18:00 ～ 20:30LO
火曜休
16台

てらおか風舎の
能登の里山里海ステーキコース

肉のプロが提供する能登牛

能登牛を主に精肉販売を手がける「寺岡畜産」の直営店。他の銘柄牛に比べ、希少で流通量が少ない能登牛を広くアピールしようと、1985年にオープンした。

能登牛は、能登の里山で一頭一頭愛情込めて育てられる。おいしさの判断基準となるオレイン酸が豊富で、きめ細やかな肉質が特徴だ。

肉のプロが目利きで仕入れ、部位にふさわしい料理で客をもてなす。専務の寺岡一彦さんは「仕入れ価格が日本一高い牛肉ですが、老舗肉屋ならではの納得の値段で料理を提供しています」と話す。

人気は「能登の里山里海ステーキコース」。メーンの「能登牛ダイスカットステーキ」は、口の中でとろける軟らかさ、歯ごたえが楽しめる。

地元産の甘めの醤油を使ったタレも用意されているが、まずは、タレをつけずに肉そのもののうま味をじっくり味わってほしい。ホクホクとした食感のジャガイモやニンジン、青菜を添え、彩りも美しく仕上げてある。これに、オードブル、スープ、サラダ、ライスまたはパン、デザート、コーヒーか能登ブドウ葉茶が付く。

「能登牛ハンバーグ」は、濃厚でコク深い自家製デミグラスソースをたっぷりかけていただく。ベテランの技が光る一品。

専務
寺岡 一彦さん

MENU

能登の里山里海ステーキコース 4500円
能登牛ハンバーグ 1300円
能登牛のサーロインステーキ 6000円～
平日のみの手頃なランチメニューあり
(いずれも税別)

てらおか風舎

志賀町富来領家町イ30
0767-42-2941
11:00～14:30LO、17:00～20:30LO
火曜休(込み合うので予約が確実)
40台

百楽荘の
コース料理

目の前に、日本百景の一つ九十九《つくも》湾が広がる絶景を誇る。個性豊かなもてなしのアイデアを次々と実現してほかの宿にはない、百の楽しみを目指す。進化を続ける、リピーター率の高い旅館である。

七輪でうま味じっくり

食事は、海に浮かぶ屋形船にいるかのような造りの「乙姫荘」で。夜ともなれば、1万3000ワットのライトが海中を照らし出す。魚が渦巻く幻想的な雰囲気の中でいただく料理は、ぜいたくの一言に尽きる。

コース料理は先付けに始まりデザートまで十数種。女性の美容と地産地消をテーマに「ここでしか食べられないものを」と工夫を凝らす。

先付のコラーゲン入り「サクランボ酒」は、薄いピンクの色合いとフルーティな風味が格別だ。造りは、魚介の特徴を生かした包丁さばきが見事。タイを松皮に見立てた「松皮造り」は、タケノコの皮とショウブを添え、目で楽しませる。

炭火焼きには、天然の切り出し珪《けい》藻土《そうど》で作った七輪を用いる。岩ガキ、特選牛など旬の食材を備長炭でじっくりあぶり、うま味を引き出す。パチパチと炭の熾《おこ》る音や食材の焼ける匂いが、五感すべてを刺激する。

魚介は、地元宇出津《うしつ》港で獲れたものを、料理長の坂本光隆さん自らが先取りで買い付けてくる。

料理長
坂本 光隆さん

MENU

コース料理（昼・平日）5000円～（要予約）
紹介した料理は1泊（平日）1人1万5500円～
（いずれも税別）

能登九十九湾　百楽荘《ひゃくらくそう》

能登町越坂 11-34
0768-74-1115
IN 15:00、OUT 11:00
無休
30台

コラム

料亭の愉しみ方

加賀藩前田家は、客人が多いと自邸外の建物で芸事や食事を楽しんだ。これが、料亭文化の発展の土台になったとされる。

料亭には、料理、器、部屋のしつらえ、屋敷、もてなしに至るまで加賀の伝統文化が結集している。

地元の高級食材にこだわった風雅な料理は、九谷焼、大樋焼など格調高い器に盛り付けられる。熟練の技と感性で表現された建築美もさることながら、名石、植栽で彩られた庭園も客の目を楽しませる。

仲居さんは、季節柄の加賀友禅の着物をまとい、掛け軸、生け花なども時節ごとに変える。舞台を備えていれば、茶屋街の芸妓による踊りや三味線も鑑賞できる。

華やかな紅殻《べんがら》や鮮明な群青色の壁も印象深い。紅殻は目上をもてなす色で、花街や町家の暮らしに溶け込んでいる。

一方、群青が最初に使われたのは、加賀藩13代藩主前田斉泰《なりやす》が、文久3年（1863）に建てた成巽閣《せいそんかく》の「群青の間」とされる。群青は、ヨーロッパからもたらされた顔料で入手が難しいことから、権力を象徴する色であった。一般に広まったのは明治以降になる。冬は、白い雪との対比も見事。料亭文化にふれる喜びは、年を重ねた大人こそ味わいたい。

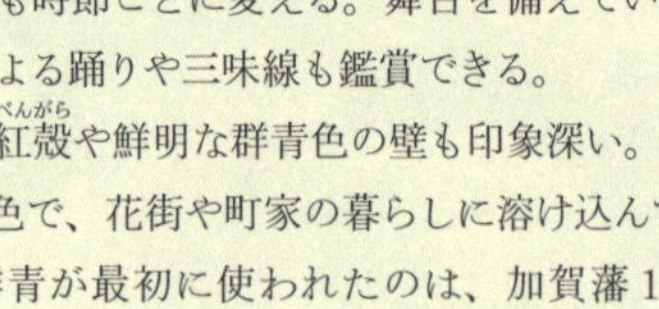

賓客を連れて
石川の美味に酔う

大名茶家の
加賀野菜を使ったのどぐろ会席

新鮮なのどぐろ料理に舌鼓

金沢の郷土料理「じぶ煮」などを盛り込んだ、加賀料理が通年で味わえる。冬は「蟹づくし会席」や鍋料理、春は「ホタルイカ会席」など、期間限定メニューも充実している。4～10月は「加賀野菜を使ったのどぐろ会席」がおすすめ。先付からデザートまで全9品が付く。メーンの「のどぐろ塩焼き」は、カリッとした皮の香ばしさが引き立つ一品。身は、ふんわりとして、上品な脂のうま味が楽しめる。

「のどぐろ造里」は、ほかではなかなか口にできない貴重な味わい。3代目店主の吉岡典昭さんは「のどぐろは、深海魚のため足が早く、よほど鮮度がよくないと刺し身にできない」と誇らしげに語る。軟らかい食感で、かむたび甘みとコクが口に広がる。

「のどぐろの蓮蒸し」は、すりおろした加賀レンコンの中に、のどぐろをしのばせて蒸す。タイを詰めるのが一般的だが、ノドグロを用いることで高級感を出した。あっさりとした中に、深い味わいが感じられる。

客を大名ととらえ、真心を込めてもてなす。例えば、テーブルに料理を並べるとき、音を立てないよう心して置く。吉岡さんは「大切なお客様に、心尽くしのお料理をお出しするのですから」と話す。

店主
吉岡 典昭さん

MENU

加賀野菜を使ったのどぐろ会席 7000 円

蟹づくし会席 1 万 2000 円（冬季限定。要予約）

ホタルイカ会席 5000 円（4 月限定。要予約）

お昼のミニ会席「羽衣」2800 円

（いずれも税別）

加賀料理 大名茶家

金沢市此花町 7-5-1
076-231-5121
11:30 ～ 14:00、17:00 ～ 21:30LO
無休（1 月 3 ～ 5 日を除く）
4 台（契約駐車場あり）

東木の

のどぐろ蒸し寿司膳

素材を生かす、元気の出る和食

魚介類は、県内の各漁港まで毎朝、店主自らが買いつけに行く。野菜もできる限り北陸産を用いる。献立は、漬け物に至るまで手作りにこだわる。

人気は、高級魚ノドグロを使った「のどぐろ蒸し寿司膳」。のどぐろ蒸し寿司は、ゴマ、甘酢レンコンなどを混ぜた蒸し寿司に、こんがり焼いたノドグロがのる。彩りに、ヨモギ麩や山菜などを添えた。

ノドグロは、パリッとした香ばしい皮と身の脂のうま味が格別だ。ノドグロの骨とアラも焼きほぐし、だしに使うなど無駄にしない。

ノドグロを使用した料理は数あれど、蒸し寿司は県内でも珍しい。京都の老舗料理旅館などで、約10年間修業を積んだ東木さん。その地で親しまれていた蒸し寿司にヒントを得た。

煮干しでだしをとったみそ汁は「懐かしいおばあちゃんの味がする」と、年配客に特に人気がある。手頃な値段で味わえる「魚数寄ランチ」も。

店内のあちこちに花が飾られ安らげる。

気楽な雰囲気ながらも、志高い料理が味わえる。店主の東木宏憲さんは、素材感や季節感を料理に生かしきる。魚は魚らしく、野菜はシャキシャキ感までもが味わい深い。元気の出る和食である。

店主
東木 宏憲さん

MENU

のどぐろ蒸し寿司膳 2100円

魚数寄ランチ 880円

（いずれも税込）

日《ひ》々《び》魚《さかな》数《ず》寄《き》 東木《とうぼく》

金沢市此花町 1-6
076-224-4266
11:30 ～ 13:30LO、18:00 ～ 22:00LO（夜は要予約）
水曜休
駐車場無し

六花の
香箱ガニの煮物椀

一杯丸ごと味わう香箱ガニ

店主の宮田和則さんは、京都の老舗料亭で修業を積んだ気鋭の料理人。２０１１年、築１２５年の町家を改装し、店を立ち上げた。宮田さんは「多様な文化があり、食文化も発達している。そういうところで仕事がしたかった」と力を込める。

金沢へ来て、香箱《こうばこ》ガニのおいしさに驚いたという宮田さん。一例として、香箱ガニ一杯分で仕立てるおしゃれな「香箱ガニの煮物椀」を紹介してくれた。内子《うちこ》、外子《そとこ》、カニみそ、身肉を食べ進めると、最後にもっちりとしたレンコン豆腐が顔を出す凝った作り。レンコン豆腐は、レンコンのすり流しを奈良・吉野葛で寄せたもの。

香り付けに細かく刻んだユズとセリを添え、彩りも美しく盛り付けた。さらりと品のよい昆布とカツオの一番だしを張って完成。繊細な味わいで、いつもとは違った香箱ガニの魅力が存分に堪能できる。

コースの中で、煮物椀の位置付けは重要視される。この椀の味で板前の技術が見て取れるからだ。勝負どころに香箱ガニを使った、宮田さんの心意気が光る。

食材の多くは、地元の山海野の幸を用いる。焼くだけというシンプルな料理から、手をかけ食材の旨味を引き出したものまで多彩に楽しめる。

店主
宮田 和則さん

MENU

昼のコース 4000 円・6000 円
夜のコース 8500 円・1 万 2000 円・おまかせ
香箱ガニの煮物椀は、夜のコース 8500 円の一品
(香箱ガニの取り扱いは、11 月の解禁日～ 12 月末)
(いずれも税込)

町家懐石 六花《ろっか》

金沢市六枚町 2-7
076-221-6166
11:30 ～ 15:00、17:30 ～ 22:00
水曜休（木曜は夜のみ営業）
5 台

もんぜんの

見附島コース

能登の食材で古里のもてなし

田舎風の素朴な雰囲気が漂う店内で、能登の食材をふんだんに使った料理が楽しめる。

海の幸は、輪島から毎朝獲れたてが直送される。調味料は、輪島産の醤油や珠洲の天然塩。米は、能登産のコシヒカリを使用する。門前（輪島市）出身でオーナーの浦崇典さんは「能登振興の一助になれば」と話す。古里に帰ったときのような、温かいもてなしが心地いい。

おすすめの「見附島《みつけじま》コース」は、食材、味わい、盛り付けに手を尽くした9品が付く。内容は月替わりで、「鯛の姿蒸し」などが堪能できる。

体長約30センチのタイ一匹に、旬の魚介、タケノコなどの野菜を添え、土鍋で豪快に蒸し煮する。さわやかな味と香りのポン酢ダレにくぐらせると、おいしさが一段と増す。具材が大き目にカットされているので、食べ応え満点だ。

刺し身「底曳き盛」は、甘エビ、カワハギなど新鮮な魚介、約6種類が多味多様に味わえる。

郷土料理「鴨じぶ煮」は、肉に小麦粉をまぶし、金沢独特のすだれ麩、カボチャ、サトイモと一緒に煮込む。甘辛い汁は、とろとろ熱々。トッピングのワサビを溶かせば、味がぐっと引きしまる。能登の保存食「能登産巻鰤《ぶり》」は、酒のつまみに最適だ。

オーナー
浦 崇典さん

MENU

見附島コース 4000 円
刺し身底曳き盛 1 人前 1600 円
こんかいわし（生・あぶり）各 680 円
能登産巻鰤 680 円
（いずれも税別）

底曳き割烹 もんぜん

金沢市昭和町 6-8　金沢シティホテル 1 階
076-224-2201
11:00 ～ 15:00、17:00 ～ 22:30
無休
共有 100 台

海鮮どん屋の

近江町丼

丼からはみ出る新鮮魚介

近江町市場内という地の利を最大限に生かし、新鮮な魚介類を使った海鮮丼を提供。店主の須磨和也さんは「当日仕入れた食材は、その日のうちに使い切っている」ときっぱり。人気の「近江町丼」は、ゴマの香りがほんのり漂うすし飯に、マグロ、甘エビ、カニ、イカなど約10種類のネタが入る。丼からはみ出る豪快な盛り付けが食欲をそそる。

　ネタにワサビを小分けしてのせ、醤油ダレを全体にかける食べ方がおすすめ。須磨さんは「ワサビの風味がよくきいて、イカなど淡白系の魚が一段とおいしくなる」という。

　醤油ダレは、金沢・大野の醤油をカツオと昆布だしで割った。醤油の使用を抑え、やさしい味わいに仕上げてある。米は自家栽培のコシヒカリを主に用いる。

「百万石桶ちらし」は、15～17種類の多彩なネタが桶を飾る。仕上げに、金箔を散らし豪華さを演出した。夏は能登岩ガキ、秋口はサケの筋子、冬は寒ブリ、タラの白子など季節ネタも惜しげなく盛り込まれる。

　カニ、ウニ、イクラを彩りよく盛った「三種丼」も人気が高い。三種の中に、苦手なものがあれば、甘エビやほかの魚に代えてくれる。

　いずれも、みそ汁付きで、ダシは魚のアラからとり、コクを出す。

店主
須磨 和也さん

MENU

近江町丼 2000 円
百万石桶ちらし 2800 円
三種丼 2200 円
イクラ丼 2200 円
(いずれも税込)

近江町市場 海鮮どん屋

金沢市十間町 32
076-222-1176
11:00 ～ 21:00
水曜休
近江町市場駐車場（有料）

空海の

甘海老出汁の玉子焼

甘エビの香り豊かな玉子焼き

古い町家を改装した店内は、しっとり落ち着いた雰囲気が漂う。店主の斉田隆一さんの多彩なオリジナル料理が味わえる。

人気は、ボリューム満点の「甘海老出汁の玉子焼き」。1人前に卵をなんと3個も使い、大鍋で煮出した甘エビのだしと合わせた。1本ずつ丁寧に巻き込み、ふんわりとした食感に仕上げている。スタッフの加茂かれんさんは「ボリュームと見栄えを考え、切らずにそのまま提供している」と話す。

木製ナイフで好みの大きさに切り分ける。一口ごとに漂う鮮烈な甘エビの味と香りが秀逸。市販の甘味の強い卵焼きとは一線を画する。

「大人の酢豚」は、タンパク質、ビタミン豊富な能登豚を油で揚げ、ズッキーニと炒めた。トッピングにショウガ、ミョウガ、大葉、カイワレがこんもりと盛られ、見た目も印象深い。たっぷりの肉や薬味の食感、ブドウ果汁を発酵・熟成させたバルサミコ酢の味がアクセントとなり、一皿の中に変化が感じられる。

「能登牛のローストビーフの味噌漬け」は、薄くスライスして出される。みその香りが立ち、食欲が増進する。飲み物は、地元の地酒を中心にそろえている。居心地がよく、気軽に楽しめる。

スタッフ

加茂 かれんさん

MENU

甘海老出汁の玉子焼 750円

大人の酢豚 1100円

(いずれも税込)

居酒屋 空海

金沢市主計町 3-10
076-261-9112
18:00 ~ 25:00LO
木曜休
駐車場無し

十月亭の
夜のコース

日本料理の名店「銭屋」がプロデュースする。築145年の茶屋を改装し、2006年にオープンした。茶屋の情緒あふれる店内で、ベテランの技を心ゆくまで堪能したい。夜の8000円のコースの一部を作ってもらった。

一品ごとにベテランの技

　先付は、個別に下味をつけた甘エビや焼きシイタケなどに、ショウガ酢を合わるという細かい仕事が施されている。

　焼物の「カマスのウニ焼き」は、ふっくら感の中に素材のうま味が凝縮されている。

　八寸は、レモンの皮で菊花釜を作り、優雅な雰囲気を盛り上げる。レモンの風味がほんのり香る、目にも鮮やかな品々。卵の黄身のみそ漬けをホオズキの果実に見立てたものもあり、その愛らしさに笑みがこぼれる。

　料理長の佐伯修さんは「洋酒を嗜《たしな》むお客さんもいらっしゃるので、遊び心のある料理もお出ししています」と話す。目の前に気のきいた料理が並べば、酒も進むというもの。

　食材は、地元の野菜や魚介類をふんだんに使用する。季節感を大切にしており、一つのコースに「走り」「旬」「なごり」を織りまぜて楽しませてくれる。選び抜かれた器も合わせて鑑賞したい。

しっとり落ち着いた店構えが印象的

MENU

夜のコースは 6000 円～

（サービス料、税別）

十月《じゅうがつ》亭《や》

金沢市東山 1-26-16
076-253-3321
11:30 ～ 14:00、18:00 ～ 22:00（夜は要予約）
水曜休（祝日の場合は営業）
無し

田村の蟹しゃぶ

濃厚なカニみそと身のコラボ

自慢の料理とうまい酒、陽気な店主、玉木進さんの手品の披露もあり、店内は笑顔があふれる。

人気の「蟹しゃぶ」は、店内の水槽から生きたカニを取り出し、しゃぶしゃぶにする。鍋に入れる時間が15秒と短いため、甘みたっぷりで身も軟らかい。

「ぶりの太巻きずし」は、おいしいと感じるシャリの温度までも研究した自信作だ。シャリに刻んだ大葉を合わせ、新鮮なブリを巻いた。酢の加減も繊細で、大葉特有の香気が漂う。ネタは入念に手がかけられており、シャリと渾然一体となった妙味が楽しめる。

のりは佐賀・有明産で、味と香りにこだわった最高級品。米は地元産コシヒカリを使用する。

自家製「カニクリームコロッケ」は、仕込みに3日間も費やし、奥深い味を追求した。ホワイトソースに、生のカニ身をたっぷり混ぜ成形。サクッと軽い口当たりで、クリーミーなホワイトソースとカニの風味がほどよく調和する。

高級魚のノドグロを使った「のど黒塩焼き」。皮はパリッと香ばしい。ふんわりとした肉厚の身は、上品な脂のうま味と甘みが際立つ。まさに焼き魚の王様だ。地元客や観光客のほか、芸能人も多数来店している。

店主
玉木 進さん

MENU

蟹しゃぶ（9品付き） 1人前4800円（2人～、昼は6人～）
ぶりの太巻き寿司 1500円
のど黒塩焼き 2500円
(いずれも税別)

居酒屋割烹 田村

金沢市並木町 2-18
076-222-0517
17:00 ～ 22:30（金土日祝は 12:00 ～ 14:00 も）
水曜休
3台

福わ家の

みそかき饂飩《うどん》鍋

鹿児島産黒豚や能登牛、ズワイガニなどを使用した、ぜいたくうどん鍋がコース仕立てで堪能できる。

料理は全般に油脂の使用を控え、野菜をたっぷり使っているのが特徴だ。席に着くとまず、抹茶と野菜菓子でもてなされる。

能登がきと旬野菜を贅沢に

自家製うどんは、生地を足で踏み熟成させる。太打ちで弾力とコシがあり、もちもちした食感が自慢。長時間煮込んでも煮崩れしない。

季節メニューの「みそかき饂飩《うどん》鍋」は、カツオと昆布からとっただしに、うどんや能登がき、ぶつ切りのネギ、セリなど旬の野菜が入る。合わせみそとショウガをうまく生かした、どこかホッとする懐かしい味わい。

能登がきは、身がしまってほんのり甘味もある。「海のミルク」といわれるほど栄養も豊か。

おすすめの食べ方は、鍋が煮立っても火を止めず、弱火を保つこと。あっさりしていた饂飩が、時間とともに濃厚になり、一つの鍋で味の変化が楽しめる。

自然素材を生かしたおいしいものを出したいと、香の物やデザートも手間暇かけ手作りする。鍋の後は、ほっこりおいしいおじやで締める。

帰路につく客を、女将の斎田和代さんは丁寧に見送る。「うどんのように太く長く頑張って」と景気づけた。

「福」の字の暖簾が目印

MENU

みそかき饂飩鍋　一式 2800 円～

ずわいがに饂飩鍋　一式 3800 円～

（いずれも冬季限定、税別）

饂飩処 福《ふく》わ家《うち》

金沢市彦三町 1-9-31
076-264-8780
11:30 ～ 14:30LO、17:30 ～ 20:30LO（土日祝は 11:00 ～ 20:30LO）
水曜休
30 台

かなざわ石亭の しゃぶしゃぶ

とろける食感の極上しゃぶしゃぶ

全国で4番目、日本海側で初めてのしゃぶしゃぶの店として、1964年にオープンした。

しゃぶしゃぶは、福、華、特の3種類用意する。人気の「特しゃぶ」は、和牛ロースの中でも限られたA5級の肉を提供する。霜降りのきめ細やかさや色合い、とろける食感など、贅を尽くした味わいが堪能できる。

季節野菜とハクサイ、ネギなどが添えられるほか、付き出し、食事、デザートも付く。スープは、あらかじめ鶏ガラで軽くダシをとってあるため、はじめからおいしくいただける。

味の決め手となるつけダレは、秘伝のゴマだれとポン酢の2種類ある。ゴマだれは、原料のゴマを丹念に炒り上げ、10数種類のスパイスで調味。香ばしくまろやかな味に仕上げた。

店長の永畠大嗣さんは「この味を求め、季節を問わずお客さんがお越しになります」と話す。これに、ラー油とすりおろしニンニクを加えると、甘味が増し味に膨らみが出る。味の変化を試してみたい。

藩家老・横山家跡に建つ風格あるたたずまい。中庭に残る当時の石にちなんで店名をつけた。風雅な石の庭を眺めながら、美味なるひとときを。

店長
永畠 大嗣さん

MENU

しゃぶしゃぶ　福 8000 円
華 1 万円
特 1 万 2000 円
(いずれも席料、サービス料、税別。予約が確実)

かなざわ石亭《せきてい》

金沢市広坂 1-9-23
076-231-2208
11:30 ～ 14:30、17:00 ～ 22:00
(土日祝は 11:30 ～ 22:00)
無休
7 台

いたるの

新湊直送
紅ずわいガニ
甲羅みそ焼き

酒好きうなるカニづくし

シーズンになると無類のカニ好きがこぞってここを訪れる。お目当ては名物料理の一つ「香箱のよっぱらい蟹」だ。上海蟹を使った中国料理にヒントを得た逸品で、10年来のロングセラーとなっている。

山廃仕込みの純米酒とみりんに代わる料理酒「赤酒」、醤油をかめで調合し、2週間香箱ガニを漬け込む。ぎっしり詰まった卵は飴色に輝き、身は、まったりと濃厚な味わいに。店主の石黒格さんは「酒好きにはたまりません」と太鼓判を押す。

「新湊直送紅ずわいガニ甲羅みそ焼き」も人気。ベニズワイガニ丸ごと一杯分のむき身を甲羅盛りにし、特製みそ、ヤマイモ、卵黄を混ぜ香ばしく焼く。ベニズワイガニ本来の甘みがみそによって引き出される。ヤマイモを入れることで、滑らかな舌触りとホクホク感を出した。

ほかにも、酒かすソースで味わう「ぶりカツ」や、きしめん入りの「五郎島金時芋グラタン」など、オリジナリティあふれる料理がそろう。

魚介類は新湊港や金沢港、能登・宇出津港より毎日直送される。加賀野菜の五郎島金時、加賀レンコンは、契約農家から直接仕入れる。石黒さんは「生産者の顔が見える食材を使い、手頃な値段で提供している」と語る。

店主
石黒 格さん

MENU

新湊直送紅ずわいガニ甲羅みそ焼き 1600 円

香箱のよっぱらい蟹 2300 円

ぶりカツ 1500 円

五郎島金時芋グラタン 800 円

(いずれも税込)

いたる本店

金沢市柿木畠 3-8
076-221-4194
17:30 ～ 23:00LO
日曜休
駐車場無し

地元食材で楽しむ一杯

源左ェ門の

カニみそ甲羅焼

新潟の「八海山」「久保田」、福井の「黒龍」など、全国の銘酒を常時50~60種類用意する。ときには、入手の難しい希少な酒が入ることもあり、それを楽しみに訪れる客もいる。素材にこだわった自慢の料理が、100種類以上そろう。季節料理も充実しており、夏場なら、ポン酢で味わう「天然岩ガキ」、「アユの塩焼」などが味わえる。

　人気は、オリジナル料理「カニみそ甲羅焼」。甲羅に、エノキダケ、カニ身、自家製のだしと合わせたカニミソが入る。カニ独特のうま味が存分に堪能できる。

　「加賀野菜のてんぷら」は、加賀つるまめ、金時草《きんじそう》、五郎島金時、ヘタ紫なす、打木《うつぎ》赤皮甘栗《あかがわあまぐり》かぼちゃなど、金沢ならではの食材がふんだんに盛り込まれる。加賀太きゅうりとカニで作る「カニあんかけ」、郷土料理「治部煮《じぶに》」などもおすすめ。

　「味見しておいしいと思ったものしか出さない」という調理師の高橋太一郎さん。「気さくな店なので、ゆっくりお酒を飲みに来ください」と笑顔を見せる。店内は、昔ながらの居酒屋の雰囲気が漂い、肩肘張らずに楽しめるのがいい。

　2階に40人収容の座敷があり、宴会もできる。畳の上にテーブルが配され開放感も味わえる。

調理師
高橋 太一郎さん

MENU

カニみそ甲羅焼 880円
天然岩ガキ 1300円
アユの塩焼 500円
加賀野菜のてんぷら 800円
（いずれも税込）

居酒屋割烹 源左ェ門

金沢市木倉町 5-3
076-232-7110
17:00 ～ 23:30LO
不定休
駐車場無し

助ずしの

地物にぎり 11貫

見た目も鮮やか厳選ネタ

親子2代で握る人気のすし屋。輪島港のすぐそばという利点を生かし、選りすぐりのネタを使用する。売れ筋は、旬の地物を盛り込んだ「地物にぎり11貫」と「おまかせにぎり12貫」。ふき漆の器に並んだ、絵画のように美しいすしを慈しみながら、じっくりと味わいたい。

おまかせにぎりは、目玉に貴重なクロマグロの大トロが盛り込まれる。ツヤのある赤色で、とろける食感が堪能できる。高級魚ノドグロは、脂の乗り、甘みともに絶品だ。

地物にぎりには、カニ味噌が入る。エノキと田舎みそで煮込み、コクを深めた。

新鮮なネタを生かすため、米も厳選。地元の昔ながらの稲架《はさ》干し米を中心に用いる。米粒にコシと弾力があり、ネタとの調和もよい。

能登丼「能登あえの風丼」は、その日獲れたばかりの魚介類11種類以上が彩りよく盛られる。2種類の醤油をカツオだしで割った、醤油たれで食す。

ノドグロは一品料理の塩焼きでも味わえる。皮目の香ばしさと上品な脂のうま味がたまらない。

店主の新谷寿助さんは、大阪で修業を積んだ後、輪島に帰り、１９７１年に店を構えた。言葉や態度に飾りはなく、あくまで自然体を貫く。

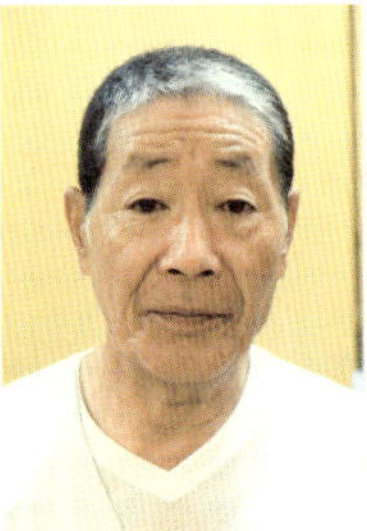

店主
新谷 寿助さん

MENU

地物にぎり 11貫 2600円

おまかせにぎり 3100円

能登丼 2800円（みそ汁付き）

ノドグロ塩焼き 1300円

（いずれも税込）

助ずし

輪島市河井町 3-26-2
0768-22-4101
11:30 ～ 13:30、16:30 ～ 22:30
月曜休（祝日の場合は営業）
8台

SHO-TATSUの
能登牛ヒレステーキランチ

　食材の持ち味を生かした華やかな料理が堪能できる。店主の西川幸彦さんは「喜ばれるオリジナル料理を提供したい」と、地元食材を使ったメニューの研究に力を入れる。

「能登牛ヒレステーキランチ」は、オレイン酸が豊富な能登牛のヒレステーキのほか、フレッシュサラダ、季節の前菜、ご飯、汁物、香物、デザートが付く。

ハーブが香る絶品ステーキ

　肉は、厚みがありどっしり。かめば、軟らかくてとろける食感に意表を突かれる。味付けに使う「天然ハーブ塩」は、乾煎りした能登の塩と地元の希少な有機ドライハーブ5種類を、肉質に合うようブレンドした。やさしいハーブの香りが漂い余韻も軽やか。サラダなどに使う食材は、極力地元産を使用している。

　自家製ドレッシングは、年に5、6種類作っている。季節の野菜や果物に、コレステロールを含まないグレープシードオイルを混ぜる。秋冬は、ユズとリンゴで彩りも豊かに。

　店主の西川幸彦さん自慢のデザート「ロールケーキ」は、小麦粉と砂糖類を一切使わず、米粉と米飴で仕上げる。奥深く繊細な味わい。小麦アレルギーの子どもでも安心して食べられる。

　輪島塗や珠洲焼の器、しつらいに至るまで心尽くしが感じられる。

店主
西川 幸彦さん

MENU

能登牛ヒレステーキランチ 6000円
おまかせランチ 2160円〜
貝焼きランチ 2160円
夜は単品あり。ランチ・コースは要予約（2人〜）
（いずれも税別）

能登 和DINING SHO-TATSU《しょーたつ》

珠洲市飯田町 15-38
0768-82-0310
11:30 〜 14:00（予約のみ）、17:00 〜 21:30LO
日曜休（前日までに予約すれば可）
駐車場無し

コラム

「加賀料理」って？

加賀料理とは、昭和30年代から使われはじめた言葉で、明確な定義はない。「加賀百万石の歴史と文化に裏打ちされた料理」のことといえよう。九谷焼や加賀蒔絵の漆器椀など、料理を引き立てる見事な器に盛り付けて供される。

元々は庶民の暮らしから生まれた郷土料理で、後に武家の台所に入り、洗練された味に仕立てられたものだ。代表的なものに「治部煮《じぶに》」と「鯛の唐蒸し」がある。ほかに、寒中に漬け込む「かぶらずし」、加賀れんこんで作る「蓮《はす》蒸し」、淡水魚ゴリを揚げた「ゴリの唐揚げ」なども。

加賀料理を支えるのは、地元の豊富な食材だ。背後に霊峰白山、目の前に日本海が広がり、山海野の幸に恵まれている。また、かつての北前船交易は、北海道産の昆布やニシンなど、全国から多彩な食材をもたらした。

歴史的背景としては、加賀藩初代藩主前田利家は、公家趣味の豊臣秀吉の影響を受け、利家自らも能や茶を愛好した。その後、歴代藩主が推し進めた文化政策により、城下に京文化がいっそう広まった。

もちろん前田家は徳川幕府の政策に則ったため、食文化も江戸の風習がたくさん入ってきた。こうして加賀料理は、京風と江戸風を織り交ぜて独自の形に発展したのだ。

心地よい空間で
気が置けない人と

きふじんの

ひつまぶし

ふっくら愛知産うなぎを賞味

「お客さんに納得してもらえるものをお出ししています」と、店主の中宮かおるさん。客の期待に応えるには、仕入れの段階で筋のよいウナギを仕入れる必要がある。

選別の目がぶれることはない。ウナギは、愛知県産を使用する。その日仕入れたものは、その日のうちに焼いて加工する。素材のうま味を生かすため、火加減にも細心の注意を払う。

ウナギと向き合うこと70年近く。醤油ベースの甘めのタレは、創業当初から継ぎ足して守ってきた。ふっくらとした肉厚の身。口にすれば、脂のうま味が広がり、後を引くおいしさ。持ち帰りのほか、店内で食べることもできる。

人気の「ひつまぶし」は、ショウガ、ミョウガでアクセントをつけたご飯に、細かく刻んだウナギとタレが混ざる。大きなウナギの切り身ものり、食べ応えがある。

中宮さんは「即効で元気の出るかば焼きを後世に残したい」と話す。女性一人でも気軽に入店できるのもうれしい。

「ピュアベジタブルカレー」は、50年以上も農薬を使わずに育てたニンジンや10年間農薬不検出のリンゴなど、残留硝酸態窒素も測定し、基準に合格したものだけで作っている。

店主
中宮 かおるさん

MENU

ひつまぶしうなぎ 3000円前後(ご飯代 400円別途)
ピュアベジタブルカレー (サラダ、プリン付)
1250円
(いずれも税込)

金澤どぜぅ きふじん

金沢市中橋町 1-13
076-223-6801
11:00 ～ 15:00、17:00 ～ 22:00
日曜休
7台

金澤プレミナンスの NORIO自慢の冷製パスタ

地元の幸が満載のパスタ

グランシェフの川本紀男さんは、世界料理コンクール「ガストロプラハ」の2部門で金賞受賞など、栄誉ある賞を勝ち取ってきた人物だ。

コースは多種類あり、オードブルからデザートまで、味わいや盛り付けに贅を尽くした魅力的な料理が登場する。夏場のコースに組み込まれる「NORIO自慢の冷製パスタ」は、地元の海の幸や無農薬野菜がふんだんに盛り込まれる。

全国で1日約1000個売れる大ヒット商品「金澤ブリュレ」は、小麦粉のほか、能登の卵、北海道産バター、ミネラル豊富な奄美の素焚糖《すだきとう》、地元大野の醤油など素材厳選。特殊製法で丁寧に焼き上げる。

「簡単にできそうだが、素焚糖を使ったケーキは誰にも真似ができない」と川本さん。砂糖の中でも最も値が張る上、ミネラルや水分を多く含むため、膨らみが安定せず、ケーキには不向きとされる。何度も試作し、安定まで1年間を要した。

2007年の発売後もデザインなど改良を重ね、売れ始めたのは2年前からだ。川本さんは「売れる味と確信していた」ときっぱり。

表面はパリパリ、中はしっとりで、素焚糖ならではのまろやかな甘みの中に、ほんのり醤油のほろ苦さが広がる。

グランシェフ
川本 紀男さん

MENU

昼コース 平日 1598 円〜（土日祝は 1706 円〜）
※ NORIO 自慢の冷製パスタはコースに組み込まれる
金澤ブリュレ 1 個 1512 円
(いずれも税込)

金澤プレミナンス

金沢市北安江 4-8-31
076-234-7701
11:00 〜 21:30LO
月曜休（祝日の場合は営業）
30 台

口福の

海の宝石箱・海鮮ひつまぶし

3通りで味わう「宝石箱」

2007年に、県の日本料理名工に認定された実力派の店主、中里知さんが腕を振るう店。開店前から行列ができる。店名の「口福」には、「おいしい料理を食べるときの、お客さんの幸せな笑顔を見たい」との思いを込めた。

人気の「海の宝石箱・海鮮ひつまぶし」は、名古屋名物「ひつまぶし」の海鮮版である。カジキマグロ、ブリ、タイなど7種類の魚介類に、宝石のように輝くイクラやウニをのせて、金箔をあしらった。ゴマだれで和えるタイ茶漬けをヒントに、ゴマ醤油で仕上げた。

特筆すべきは、これ1品で3通りの食べ方が楽しめること。1杯目は、ゴマ醤油の香ばしい風味でそのまま味わう。2杯目は、ウニを醤油でといて、ぜいたくなウニご飯を作る。3杯目は、番茶で割ったカツオだしをかけ、だし茶漬けにする。いずれも、洗練された味で余韻が残る。

10食限定でヘルシーな「旬菜レディースランチ」も人気があり、開店とともに売り切れる。ちらし寿司など具だくさんの主食や野菜中心の副食、手作りデザートなど、全8品が日替わりで提供される。多彩な風味と食感が人気の秘密だ。中里さんの力量が存分に発揮されたおいしい料理をぜひ。

店主
中里 知さん

MENU

海の宝石箱・海鮮ひつまぶし 2400円(税別)

旬菜レディースランチ 980円(税込。平日のみ)

会席料理 3500円〜1万円(税別)

かにコース 9500円(税別)

旬彩和食 口福《こうふく》

金沢市青草町88　近江町いちば館2階
076-225-8080
11:00〜15:00、17:00〜22:00
(日祝 11:00〜22:00)
火曜休(祝日の場合は営業)
近江町市場駐車場(有料)

自由軒のランチ

１９０９年創業の老舗洋食屋。４代目店主の川上廣喜さんの熟練の技が楽しめる。いずれも手間暇かけた手作りで、出来合いのものは一切ない。川上さんは「昔ながらの味を守り、今に伝えている」と話す。

老舗の洋食を熟練の技で

地元客に人気の「ランチ」は、クリームコロッケやポークソテーなど7品が付いて食べ応え満点だ。

「クリームコロッケ」は、炒めたタマネギに、カニのほぐし身とベシャメルソースを合わせる。ベシャメルソースは、小麦粉とバターを油で炒りつけ、牛乳とワインで仕上げた。とろりとしたコクが、カニの繊細な甘みと絡み絶品。

「エビのボン」は、エビにベシャメルソースをのせ、手作りのパン粉をまぶして油で揚げた。エビの淡白な風味とベシャメルソースの深い味が絶妙に融合する。

「特製ハンバーグ」は、牛と豚肉を使った自家製ひき肉でハンバーグを作る。表面をこんがり焼いた後、特製デミグラスソースでじっくり煮込む。ソースのさわやかな酸味とうま味が染み込み、本格派のおいしさ。味の決め手のデミグラスソースは、鶏ガラ、牛スネ、タマネギなどの野菜に、ラードと小麦粉で作ったルーを加える。毎日継ぎ足しながら50年以上使い続けている。

店主
川上 廣喜さん

MENU

ランチ（昼・夜）1890円
プレートセット 1025円
ヤキメシ・ハヤシライス 各700円
（いずれも税込）

自由軒

金沢市東山 1-6-6
076-252-1996
11:30 ～ 15:00、17:00 ～ 21:00LO
（土日祝 16:30 ～ 21:00LO）
火曜、第3月曜休
3台

ひら丼の

特選海鮮丼

割烹料理と寿司も提供する店だけに、どの丼も素材にこだわり手をかけ、魚介のおいしさをとことん味わってもらえるよう心を砕く。

人気の「特選海鮮丼」は、ウニ、イクラ、ウナギ、甘エビ、カニなど

12種の魚介を丼で豪快に

全国から仕入れる12種類の高級魚介を豪快に盛り付けた。店主の平井慎太郎さんは「これを握りで食べると5000円はします」と話す。

つややかな深紅色のイクラは、口の中で粒のうま味が弾ける。甘エビは、とろりととろけるまろやかな口当たりが格別だ。黄金色のウニは、濃厚な甘みで独特の磯の風味が際立つ。ウナギは、肉厚ジューシーでコク深い。白身魚は、ひと手間かけ、昆布締めにする。夜は、単品やコース料理も用意する。11月にカニ漁が解禁されると、香箱ガニ一杯丸ごと使った裏メニューの「香箱丼」も。

平井さんは、ネタごとに醤油をふる食べ方をすすめている。器全体に醤油をかけると、ご飯の下にたまってしまうからだ。米は地元産コシヒカリを使用する。

金沢・大野の甘めの醤油を使用する。脂がのった甘みの強い魚には、同じように甘みの強い醤油を使うことで一層うま味が引き立つ。

客の大半が観光客で、休日は開店前から行列ができることもある。

店主
平井 慎太郎さん

MENU

特選海鮮丼 2900 円

近江町海鮮丼 2300 円

ジャンボ海老天丼 2300 円

じぶ煮 1500 円

（いずれも税込）

近江町海鮮丼家《かいせんどんぶりや》 ひら井

金沢市青草町 88　近江町いちば館 2 階
076-234-0448
11:00 ～ 21:00
無休（1 月 1 日休み）
近江町市場駐車場利用（有料）

鰯組の いわしにぎり

いわしのうま味を最大に

季節のイワシ料理が20～40種類楽しめる。

人気の「いわしにぎり」は、とれたての新鮮なイワシを手早く処理し、薬味にショウガとネギを配した。イワシは、ツヤがあり、脂の甘みもしっかり感じられる。

握りに使えるかどうかは、その日のイワシの状態による。親方の東賢栄さんによると、脂が多すぎると生臭くなるので、ほどほどの「中羽《ちゅうば》」が適しているという。

「いわしバッテラ」は、酢飯に、刻んだショウガ、レモン、酢締めのイワシをのせて押しずしにした。表面に、風味のよい薄板昆布が巻いてある。イワシのうま味と上質の酢飯が相まって格別な味わい。ショウガとレモンのさっぱり感がアクセントとなり飽きさせない。

東さんが、市内のすし屋で修業を積んだ１９８０年代は、イワシが大漁だった。東さんは「修業先の親父さんが、市場に魚を仕入れに行き、ついでにイワシをもらってきた」と振り返る。どんな料理に加工しても味が深くておいしいイワシに、次第に魅せられるようになったという。

ラーメンのだしは、大量の煮干しを煮出して取る。うま味調味料は使っていない。ほかに、「鰯のデザート」や「いわしパスタ」もある。

親方
東 賢栄さん

MENU

いわしにぎり 700円

いわしバッテラ 600円

（いずれも税別）

いわし料理 鰯組《いわしぐみ》

金沢市片町 1-7-13
076-224-1493
17:00 ～ 22:30LO
日曜休（連休の場合は最終日）
駐車場無し

全開口笑の
レタスチャーハン

シャキシャキ食感のレタスがアクセントの「レタスチャーハン」は、この店を代表する一皿だ。繊細で上品な甘みのズワイガニや卵もぜいたくに盛り込まれ、おいしさの相乗効果を醸し出す。手早く炒めて素材の食感を生かしたり、隠し味に酢醤油を使い、カニの風味を引き立てたりと、ひと手間と工夫が光る。

ひと手間と工夫が光る

　油脂の使用を抑えた、あっさり仕上げで、ふんわり軽い口当たりにも驚かされる。ほかでは味わえない美味が評判を呼び、１９９０年の創業以来、単品で50万食以上を売り上げている。

　名物「全笑餃子」も人気が高い。自家製皮は、最高級の食パン用小麦粉を原料に、一晩熟成させて作る。店主の竹内公明さんは「もっちりとして伸びがよいため、市販の皮に比べ、約3倍のあんがぎっしり詰まります」と話す。あんは、ニンニク、ニラなど5種類の野菜を中心に豚肉を合わせた。先代から引き継いだ技を生かし、口の中でほろほろとほどける食感に仕上げてある。

　食材は、肉も含めて地物を使用する。野菜を使った料理を得意とし、素材の顔を見て手を替え、多彩な料理でもてなしてくれる。

　一人でもいろいろ味わえるよう、小皿料理も用意している。

店主
竹内 公明さん

MENU

レタスチャーハン 1200円
名物全笑餃子5個1皿500円
点心3種盛り 550円
(いずれも税別)

美酒楽園 全開口笑《ぜんかいこうしょう》

金沢市柿木畠5-7
076-222-4262
11:30～14:00、18:00～22:30LO
月曜休
駐車場無し

ニュー狸の
ハヤシライス

1967年の創業以来、幅広い世代に愛され続けている洋食の名店。こんがりと黒いヤキメシやハヤシライス、タンシチューなどの名物料理は、地元はもとより観光客にもファンが多い。

40年物のデミグラスソース

ハヤシライスは、スライスした牛肉とタマネギをぜいたくに使い、デミグラスソースで仕立てた。具材のうま味が凝縮した濃厚な味わいながらも、しつこさはない。

牛タンをデミグラスソースで約5時間煮込んだタンシチューは、軟らかい肉のうま味とコク深いソースが見事に調和している。

味の決め手は、丹誠込めて作っているデミグラスソースだ。コラーゲンを含む牛スジ、鶏ガラのブイヨンと、炒めた野菜、スパイスを継ぎ足して開業当時から使い続けている。その味が料理にさわやかな酸味と熟成の厚みをもたらす。

オリジナルの衣でカラッと揚げた「エビ唐あげ」は、パリッとした歯ごたえとプリプリのエビのおいしさが広がる。自家製のフレンチドレッシングも豊潤な味わい。サラダに使うとおいしさがグンとアップする。

店主の矢田紀彦さんは「洋食は脂っこいイメージがありますが、あっさり食べられるよう工夫しています」と話す。

店主
矢田 紀彦さん

MENU

ハヤシライス 850円
ヤキメシ（スープ付き）850円
タンシチュー 1700円
(いずれも税込)

グリル ニュー狸

金沢市小立野 3-27-12
076-262-6658
11:00 ～ 15:00、17:00 ～ 21:30
火曜、第3月曜休
8台

ボ・ボの

Bセット

地元食材を多彩に生かす

加賀野菜や魚介など、地元食材を生かしたイタリアンが楽しめる。パスタ、ピザは単品で注文できるほか、ランチではセットメニューを組み合わせることも可能だ。「Aセット」「Bセット」の2種類から選べる。

人気の「Bセット」は、旬の前菜盛り合わせ、アンチエイジング健康野菜スープ、デザートなど5品ほどが付く。

「旬の前菜盛り合わせ」は、例えばサーモン、マダコのバジルソース和えなど、味わいや彩りが異なる品が並ぶ。サラダ、サニーレタス、ハーブ、生ハム、チーズがあしらわれ、イタリアンらしい雰囲気が漂う。

「アンチエイジング健康野菜スープ」は、健康を意識して、野菜を丸ごと使用する。このスープは、客の要望から生まれたという。スープの食材には、煮込んでミキサーにかけたヒヨコ豆やカボチャ、源助だいこん、ブロッコリー、レンコンなどを用いる。

シェフの保田幸夫さんは「お客さんと対話することで、求めているものを知り、それに応えていきたい」と話す。

年配客には味を抑え、箸も用意するなど、心遣いも細やかだ。店名は、愛称の「ボーちゃん」にちなむ。

シェフ
保田 幸夫さん

MENU

パスタ　1080円～

ピザ　1280円～

Aセット パスタやピザ単品にプラス380円

Bセット パスタやピザ単品にプラス580円

(いずれも税別)

金澤イタリアン　ボ・ボ

金沢市進和町78-2
076-292-3936
11:30～14:30LO、18:00～21:30LO
月曜休
10台

ベジキッチン・祥の
ベジランチ

加賀野菜で斬新ランチ

法要会席・仕出し料理の老舗「京武蔵」がプロデュースする店。店主の梅原竜一さんが「精進料理の可能性を広めたい」と、２０１１年にオープンした。

提案の「新・精進料理」は、加賀野菜を使い、斬新な形と格調高い味で供される。肉や魚がなくても十分満足できる。食物繊維が豊富で、美容と健康にもよいとあって、幅広い世代に人気を博す。女将の浩美さんは「精進料理を、ランチで気楽に味わってほしい」と話す。

チョコレートは、ココアと豆乳で仕上げる。マヨネーズも手作りで、卵の代わりに豆腐や昆布だし、白みそでコクを出すなど工夫を重ねる。住んでいる土地のものを食べることが体によいとされる「身土不二《しんどふじ》」の精神に基づき、地元産古代米やレンコンも用いる。

おすすめは「ベジランチ」。内容は月替わりで、色鮮やかな古代米のご飯以外は、漬け物に至るまで一新される。例えば、テリーヌやエリンギのホタテもどきなど、思いがけない美味も。「菜食華麗」も、昆布だしと野菜、豆類、穀物など植物性食材のみで作る。レトルトにもなっているので、お土産として持ち帰ることもできる。精進料理の新たなスタイルに出合う、感動の食体験となるはずだ。

店主
梅原 竜一さん

MENU

ベジランチ 2000円

ベジランチ 1500円

レトルトカレー「菜食華麗」1食分 700円

(いずれも税別)

ベジキッチン・祥《しょう》

金沢市吉原町リ 200-13
076-257-0081
11:00 ～ 14:30LO（夜のコースは要予約）
日曜、祝日休
8台

ぶどう園でパスタとジュースを

ぶどうの木の
大海老のトマトクリームソースマリナーラ

約6000坪の広大なブドウ園の一角に建つイタリアンカフェ。ブドウ棚に差し込む柔らかな光を眺めながら、優雅で幸せな一時が過ごせる。

パスタの中でも取り分け人気なのが「大海老のトマトクリームソースマリナーラ」。体長12、13センチの大エビを、丸ごと2尾使った豪快な一皿だ。大エビの香ばしさとうま味が、トマトクリームソースに溶け込み贅沢な味わい。

殻付きのまま入念に焼くことで、甲殻類特有の香りと味を最大限に引き出し、ソースとしての完成度を高めた。大エビは、苦味やえぐみが出ないよう、良質で生きのいい天然ものを使用する。

「自園製ぶどうジュース」は、「スチューベン」という糖度の高い品種を原料とする。実を房から外し加熱。風味と深紅の色を損なわないようにベテランの職人が細心の注意を払う。加熱した果実を一晩かけて搾汁したジュースは、甘くて濃い熟れた果実味とさわやかな酸味が絶妙だ。

園では、約50種類のブドウを栽培する。県特産の高級ブドウ「ルビーロマン」など、珍しい品種が多い。社長室広報の折坂啓介さんは「作るのも管理も大変ですが、あえて付加価値のあるものを手がけている」と話す。

社長室広報
折坂 啓介さん

MENU

大海老のトマトクリームソースマリナーラ 1491円
自園製ぶどうジュース 810円
抹茶モンブラン 432円
（いずれも税込）

ぶどうの木

金沢市岩出町ハ50-1
076-258-0001（本社）
11:00～21:00LO
無休
100台

クッチーナの
ビスマルク

１９７９創業のイタリア料理店。２００８年12月に全面改装した店内は、大きなガラス窓から柔らかな陽光が差し込み、明るく開放的な雰囲気が漂う。

食事はスパゲッティが50種類、ピザ&パスタランチが25種類と充実の品ぞろえ。しかも、ピザは縁の部分がふっくらと厚みのあるナポリ風、または薄焼きのローマ風から選べる。

窯の内部の温度が４００度以上にもなる火力の強い薪窯で焼き上げるため、遠赤外線効果により、中はもっちり、外はサクッとしたピザになる。活気にあふれるオープンキッチンから熱々のまま運ばれてくる。

半熟卵が絡まる人気のピザ

ローマ風の「ビスマルク」は、トッピングされた半熟の目玉焼きを崩して広げると、生ハムやモッツァレラチーズに絡まり絶妙な味わいだ。強力粉と薄力粉に全粒粉を練り込んだ生地は、風味豊かで香ばしい。

ハーブ類や野菜は、２代目店主の小川達也さんが自ら有機栽培して手間隙かけている。小川さんは「薪窯で焼いた本格的なピザと有機野菜を使ったパスタ料理を気軽に楽しんでほしい」と話している。

イチゴとブルーベリーを使った「ベリーベリーのタルト」や「金時いものタルト」など、季節の果物を駆使したデザートも評判がよい。

店主
小川 達也さん

MENU

ビスマルク 1400円

ランチ 1000円〜

辛口ポルポ 1190円

コース料理 3800円、5400円

（いずれも税込）

リストランテ カフェ クッチーナ

小松市城南町 106-2
0761-22-3775
11:00 〜 21:30LO（ランチは 11:30 〜 14:30）
木曜、第 4 水曜休
33 台

コラム

「加賀菊酒」物語

石川は酒がうまい。雪深い地域は良質の米と酒が生み出される。山に降った雪は、伏流水となって岩間から噴き出す。伏流水には、酒を仕込む際、酵母菌の栄養分となるミネラルが豊富に含まれる。さらに、雪国の冬は寒冷で雑菌が少ない。能登杜氏に代表される特有の酒造技術もある。

「加賀菊酒」伝説も残る。『太閤記』によると、慶長3年(1598)、豊臣秀吉は、醍醐寺で大花見の宴を催した。全国各地の銘酒が集められた中で、加賀の菊酒が最も美味と話題になった。

加賀菊酒が文献に登場するのは室町時代からで、京都山科に住む公家、山科言継《ときつぐ》の日記『言継卿《きょう》記《き》』の大永7年(1527)に記載がみられる。これにより、室町、安土桃山時代からすでに全国的に有名だったことがわかる。

菊水や菊の露を飲み長寿を得たという中国の伝説にちなみ、菊は古来寿命長遠を象徴する花とされている。菊酒の製法は中国で始まった。古くは、漢の高祖の妃が、重陽の節句(陰暦9月9日)に菊華酒を使ったと伝わる。

日本における加賀菊酒の起源は、白山の麓の鶴《つる》来《ぎ》のほか、金沢、加賀全土など諸説ある。ともあれ、酒は料理の味を引き立て、満ち足りた時を演出してくれる。

ふるさとが凝縮
ソウルフードあれこれ

黒百合の

くるま麩

金沢百番街「あんと」の一角にある町家風の店。名物のおでんと郷土料理が楽しめる。

おでんのだしは、基本的に煮干、昆布、カツオからとる。塩をベースに調味し、金沢の風土に合った味に仕上げている。だしは毎日継ぎ足し、1953年の創業当初から使い続ける。25種類以上あるタネは、すべて丁寧に下味をつけてからつゆの中へ。生のまま入れると煮えるまでに時間がかかるので、ひと手間かける。

タネには、大根、コンニャクなどつゆを吸うものと、魚介などうま味を出すものがある。両方のタイプをバランスよく使うことで、風味豊かなおでんになる。

人気は、だしのうま味をたっぷり含んだ「くるま麩」「自家製つみれ」など。

3代で守る伝統のだし

白山市鶴来町の老舗料理旅館の息子、和田外志夫さんが初代。現在、2代目の辰巳さんが引き継ぎ、長男で店長の純さんと店頭に立つ。外志夫さんは事務方に回ったものの、3代そろって現役で、伝統の味を守る。純さんは「北陸新幹線金沢開業に向け、地元の旬の食材を生かした料理を新たに考案したい」と語る。

場所柄、観光客の来店も多い。隣り合った客同士会話が弾むなど、気を張らずに楽しめる。

店長
和田 純さん（右）

MENU

くるま麩 150円
自家製つみれ 320円
（いずれも税込）

季節料理 おでん黒百合《くろゆり》

金沢市木ノ新保町 1-1　金沢百番街「あんと」内
076-260-3722
9:30 ～ 21:30LO
無休
提携駐車場あり

菊一のおでん

80年変わらぬ味のおでん

1934年創業の金沢最古のおでん屋で、建物は木造からビルに建て替えた61年以来、手を加えていないという。そのため、店内は昔懐かしい雰囲気が漂う。現店主の宮崎美恵子さんは「お客さんから『まるで博物館のようだ』と言われます」と笑う。

人気はじっくりとだしを染み込ませた厚切りの大根や風味のよいコンニャク、タマゴなど。金沢名産の車麩や季節ダネの白子なども味わい深い。豚バラなどを鉄板で焼き、白みそをつけた、どて焼きもおすすめだ。

だしはカツオと昆布で丹念にとり、地元の醤油で味をつけた。あっさりとした味わいで、素材のうま味を引き立てている。

昼頃から、食材を専用鍋に詰め始める。乾燥を防ぐため、小まめにだしを補充しながら煮込む。大根、コンニャク、タマゴなどはいったん火を止めて、だしを含ませるなど手間をかけて仕上げる。「愛情を込めてかわいがらないと、おいしいおでんにならない」と宮崎さんは言う。

先代の仕込みを傍らで見ながら覚えたという故・勝彦さん。店は勝彦さんから妻の美恵子さんへと引き継がれたが、先代からの味はしっかり守り続けている。遠来の友を連れて訪れるのに最適の店といえる。

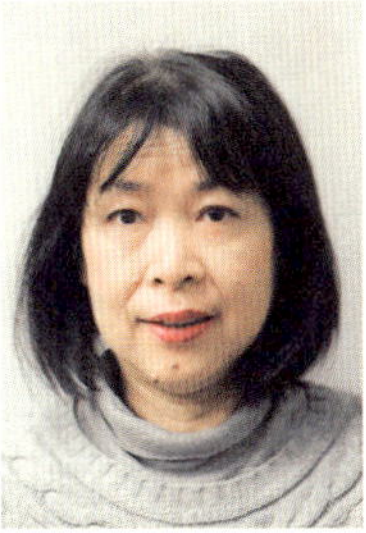

店主
宮崎 美恵子さん

MENU

大根・コンニャク 各 250 円

タマゴ 150 円

どて焼 2 本 500 円

すじ肉一皿 600 円

(いずれも税別)

菊一

金沢市片町 2-1-23
076-221-4676
17:30 ～ 23:00
水曜休
駐車場無し

オーツカの
ハントン風ライス

1957年の創業以来、幅広い年齢層に親しまれている名店。素材を生かしたおいしい料理とボリュームのよさ、手頃な値段と三拍子がそろう。

ご当地グルメの代名詞

68年頃から作り始めた「ハントン風ライス」の評判がよく、看板メニューになった。タマネギで甘みを出した軽い口当たりのケチャップライスに、トロトロの半熟状態の卵をのせる。特製タルタルソースのまろやかな風味と三位一体になって極上の味わい。トッピングには、カラッと揚がったエビとカジキマグロのフライが添えられる。

店主の大塚昇二さんは「2、3日したら、また食べたくなる味です」と太鼓判を押す。地元客はもとより、県外からもこれを目当てに訪れる客が多い。

創業時からのロングセラーも数多くある。ギリシャ風「エビピラフ」は、風味のよいバターライスと、エビを使ったコクのあるホワイトソースの調和が楽しめる。

ほかにも、昔ながらのロングマカロニを使った「マカロニグラタン」などを変わらぬ味で提供している。

大塚さんは「土台となるソースさえうまく作れば、どんな料理でもおいしく仕上がる」と話す。店内は、木の温もりがあふれてる。

店主
大塚 昇二さん

MENU

ハントン風ライス 850円

エビピラフ、マカロニグラタン 各800円

クリームスープ 450円

グラタンライス（タンバルライス）850円

（いずれも税込）

グリル オーツカ

金沢市片町 2-9-15
076-221-2646
11:30 ～ 19:50
水曜休（祝日の場合は営業）
駐車場無し

若葉のおでん

継ぎ足し守るだしが決め手

地元で人気の老舗おでん屋。店内には、切り盛りする2代目吉川政明さん、３代目政史さんと客の愉快な会話があふれている。

太鼓判を押せる「鰯つみれ」。イワシに、玉ねぎとショウガを混ぜて作る。口の中でとろけるイワシの甘みたまらない。

「ミツバ」は、湯がいたミツバを湯豆腐のだしで食べる。鮮やかな緑とシャキシャキとした心地よい歯応えで、政史さんは「二つ、三つとおかわりするお客さんも多いです」と話す。

「どて焼」は、豚バラのうま味に甘めの白みそダレが絡まる。だしのきいた「ダイコン」にも、甘めの白みそがとろりとかかる。タコ足のおでんもある。しめの「茶めし」は、ご飯を煎茶で炊き込み、秘伝の味で調味した。煎茶の風味が漂う上品な味わいが堪能できる。

創業は１９３５年。音楽喫茶からスタートした。おでんは52年から始めた。専門店になったのは69年からだ。ものをいうのは、当時から継ぎ足し守る煮干ベースのだし。塩で調味し、醤油は色づけ程度にとどめる。素材の持ち味を生かしたやさしい風味に、思わず笑顔が広がる。

注文ごとに勘定の木札が積み上げられ風情がある。

店主
吉川 政明さん(右)
政史さん(左)

MENU

鰯のつみれ 350円
どて焼き2本 400円
ミツバ 350円
茶めし 150円
(いずれも税込)

おでん若葉

金沢市石引 2-7-11
076-231-1876
17:00 ～ 22:30LO
月曜休
駐車場無し

金沢まいもん寿司の
にぎりたての寿司

新鮮なネタを使ったにぎりたてのすしが、手頃な値段で味わえる。ネタは常時、約１２０種類を用意する。魚介は、七尾から毎朝直送されるほか、金沢港の夜の競りや中央市場からも仕入れる。サバやガスエビ、

１２０種の新鮮なネタ

肝付きカワハギなど足が早く鮮度がよくなければ口にできないネタも存分に楽しめる。高級魚のノドグロは、スダチを搾り、塩をつけて食べると、魚の甘みが際立つ。

　ひと手間かけた創作すしも人気が高い。「犀川」は、塩漬けキュウリを裏巻きする。外がシャリ、内側が香ばしいノリで、その上にヒラメと梅肉がのる。「浅野川」は、裏巻きに、ショウガとワイン醤油漬けのマグロをのせた。マグロの鮮やかな赤色が目を引く。いずれも、サラダ感覚でさっぱりと食べられる。

　「まいもんランチ」は、すし８貫に、サクサクの天ぷら、茶碗蒸し、みそ汁がつき、満足いくこと間違いなし。旬の食材を使った季節限定ランチもある。

　素材のこだわりや丁寧な接客で、客に満足してもらうことを一番に考える。

　店長の乙部友寿さんは「『家族にも食べさせたい寿司作り』をモットーとし、中国産は一切使っていない」ときっぱり。

店長
乙部 友寿さん

MENU

すし　2貫 120円〜 1000円
ブリ・サーモン・エンガワ 3種 3貫盛り 370円
「犀川」「浅野川」各 2貫 280円
まいもんランチ 1000円
(いずれも税別)

金沢まいもん寿司 金沢駅西本店

金沢市駅西新町 3-20-7
076-234-1144
11:00 〜 21:30LO（土日祝は 22:00LO）、
ランチセットは平日 11:00 〜 14:00
無休
35台

シャルマのバターチキン

スパイス・マジックの妙味

素材や風味が異なる自慢のカレー約30種類がそろう。インドの伝統的なレシピを踏襲しつつ、日本人好みのコク深い味に仕上げている。

特徴は水を使用せず、野菜の水分だけで煮込んでいる点。野菜のうま味を引き出し、インドから仕入れた35〜40種類のスパイスをブレンドする。濃度づけのための小麦粉は使っていない。植物性のバターやラードを使用し、低カロリーなのもいい。

人気の「バターチキン」は、一晩煮込んだトマトソースに、ココナッツを使ったクリームベースのルーを絶妙な割合で混ぜ合わせ、まろやかで奥深い味わいに仕立てている。上にのせるチキンは、タンドリー釜でこんがりと焼く。余分な脂は落ち、うま味がぎっしり詰っている。

代表の大友吉郎さんは「食べ終えるまで、辛さが刺激として表に出ないのは、スパイス調合のマジックです」と明かす。タンドリー釜で焼いたもう一つの主役、ナンは大きく、モチモチとした食感が楽しめる。

インドのホテルで12年間修業したネパール出身のシェフ、カンデル・クリシナさんは「日本に、おいしいインド料理を伝えたい」と意欲を見せる。金沢のご当地カレー選手権で２０１１年から3年連続優勝を果たし、14年に殿堂入りした。

シェフ
カンデル・クリシナさん

MENU

バターチキン（ナン付）1200円（税別）

辛口のマサラカレー(ナンまたはライス付) 1000円～(税別)

日替わりカレーランチ（ナンまたはライス付）

900円（日祝除く）（税込）

インドレストラン シャルマ示野本店

金沢市戸板西 1-55
076-266-0911
11:00 ～ 15:00、17:00 ～ 21:30LO
(土日祝は 11:00 ～ 21:30LO)
月曜休（祝日の場合は翌日）
イオン SC の駐車場利用

カレーのチャンピオンの
Ｌカツカレー

一度食べるとクセになるとは、まさにこの味。開店と同時に、たくさんの常連客が訪れ賑わいを見せる。マネージャーの松本雅文さんは「１日２回食べに来る人もいます」と話す。

濃厚ソースと絡む上質カツ

売れ筋は、客の８割が注文するという「Ｌカツカレー」。濃厚でコクのあるカレーソースに、特大カツがのる。特大カツは、サクサクとした衣の食感ときめ細やかな肉質のうま味が格別だ。肉本来の味を楽しんでもらおうと、上質のロースを厳選使用する。

トッピングは、カツ、チキンカツ、ウィンナー、エビフライ、チーズ、コロッケもあり、好みで選べる。

金沢市高岡町で「洋食のタナカ」として創業したのが１９６１年。独特のカレーソースは、フランス料理を基礎から学んだ創業者が開発した。今では、「金沢カレー」の源流の一つとされ、県民に広く親しまれている。

ＨＡＣＣＰ手法の導入による生産管理のもと、安全・安心なカレーを提供する。衛生管理と素材、水が高く評価され、２０１０年に国際的な食品コンクール「モンドセレクション」で金賞に輝いた。

同店は「お客さんとともに成長できる店にしていきたい」としている。

マネージャー
松本 雅文さん

MENU

Lカツカレー 790 円（税込）

※日祝の 11:00 から 21:00 以外はサービスタイムで 100 円引き（Lカツカレーとチキンカツカレーのみ）

カレーのチャンピオン本店

野々市市高橋町 20-17
076-248-1497
11:00 ～ 24:00
無休（夏休み、年末年始を除く）
28 台

能登食祭市場の

食祭市場セット

五感を刺激するシンプル料理

網に魚介をのせて焼く浜焼き。珍しさも手伝って人気があり、土日祝は行列もできる。シンプルな料理法だけに、魚介の鮮度が際立つ。

一押しは「食祭市場セット」。カニ足1肩、大エビ、魚干物、ホタテなどがふんだんに味わえる。網に並べ、強火で焼き始める。やがて香ばしさが漂い、脂がジワジワとにじみ出てくる。五感が刺激され、焼き上がりが待ち遠しくてたまらない。

エビ、カニ、イカは、塩を振りかけあっさりと味わいたい。ハマグリは、殻が開いたら特製の醤油タレを。ホタテは、片面だけ焼くと半生状態になりかねないため、両面焼くのがコツ。ナイフで貝柱を外して裏返す。

サザエ壺焼きは、あらかじめサザエに醤油タレを注いでおく。ブクブクと泡だってきたら食べ頃だ。

特製の醤油タレは、地元のコクと甘みの強い醤油に、酒、みりんなどを調合した。駅長の村本能久さんは「うま味の強い魚介には、うま味の強い醤油が合う」と話す。村本さんらスタッフは、おいしく食べてもらえるよう、客の焼き方にも目を配る。

漁師秘伝の味「浜汁」も人気が高い。直径約20センチの広口のわんに、ワタリガニ、甘エビなどが豪快に入る。隠し味に、魚醤「いしる」を加え、風味を深めた。

駅長
村本 能久さん

MENU

食祭市場セット 約 2 人前 2880 円

海鮮浜焼きセット 1.5 人前 1860 円

席料 1 人 310 円

浜汁 520 円

(いずれも税込)

能登食祭《しょくさい》市場 浜焼コーナー

七尾市府中町員外 13-1
0767-52-7071
10:00 ～ 16:00
火曜休（祝日の場合は営業）、7 ～ 11 月は無休
250 台

木村功商店の かき料理

1月になると、新がきと呼ばれる一年もののカキが水揚げの最盛期を迎える。厳寒の時期、うま味成分であるグリコーゲンをたっぷり蓄えたカキ。甘みが増し、より一層味わい深くなる。

色、ツヤ、風味、申し分なし

七尾西湾は、全国でも有数のカキ生産地。周囲の山々から3本の河川が流れ込むため、えさとなるプランクトンが豊富でカキの育ちが早い。代表の木村功さんは「8割方自然が育んでくれるが、人間が手を加えないと質の良いカキにならない」と話す。その日の天候や水温に応じて、小まめに世話をしている。

木村さんは15年前、当時、東京・帝国ホテルの料理長だった村上信夫さん（故人）をはじめとするコックらに、新ガキと1年6、7カ月ものの2種類を提供した。その際、「新ガキは小粒ながらも身の締まり、色、艶、風味ともに申し分ない」と絶賛されたという。

以来、木村さんは新ガキにこだわり、身の大きさよりも味で勝負している。今では、口コミで評判が広がり全国にファンを持つ。

店では、焼きガキ2時間食べ放題のほか、カキグラタンやカキ入り春巻きなどカキを知り尽くした木村さんの手による、カキ三昧の料理が存分に堪能できる。

代表
木村 功さん

MENU

焼きガキ 2 時間食べ放題 4000 円（税込）
（能登野菜入りうどん、カキフライ、カキ入り春巻き、カキグラタン、カキめしなどが付く）

鮮かき養殖直売 木《き》村《むら》 功《いさお》 商店

七尾市中島町瀬嵐ク部 70-1
0767-66-1037
8:00 〜 15:00
10 月中旬〜 4 月末営業（期間中無休）
4 台

8番らーめんの

野菜らーめん

スープに溶け込む野菜のうま味

創業は1967年。国道8号線沿いに誕生したことにちなんで名付けた。「野菜らーめん」が、当時から変わらぬ味で根強い人気を保つ。キャベツなどたっぷりの野菜に、チャーシュー、メンマ、数字の8を模したかまぼこ「ハチカマ」がのる。炒めた野菜を鶏、トンコツベースのスープで煮込み、手作りの味を出す。スーパーバイザーの川上裕樹さんは「炒めてから煮込むことで、いろいろな具材が溶け込み、何度食べても飽きのこない味に仕上がります」と説明する。

味は「味噌」「塩」「醤油」「とんこつ」「バター風味」の5種類から選べる。石川では、「味噌」「塩」が好まれ、注文客の約半数を占める。塩は、沖縄の海水塩2種類をブレンドして使っている。あっさり仕上げで、野菜本来のうま味が楽しめる。みそは、米みそなど天然醸造を主とした五穀みそで、コクとうま味を出している。

めんのおいしさも人気の秘密だ。高品質の小麦粉を使用し、風味を生かすため、白山水系の伏流水を練り水に用いる。独特の縮れ太めんは、伸びにくく、歯ごたえもある。風味豊かでスープとの調和も抜群だ。

野菜は、地元を中心に国産にこだわって使っている。。

スーパーバイザー
川上 裕樹さん

MENU

野菜らーめん 583円

小さな野菜らーめん 475円

唐めん 648円

餃子6個 248円

（いずれも税込）

8番らーめん本店

加賀市桑原町ト117
0761-74-0500
11:00～26:00
無休
50台

やぶ新橋店の
海鮮丼

能登の地魚をふんだんに

うどん、そばなど単品から定食、弁当、御膳まで多彩な料理を提供する。

中でも人気は、能登の味覚が存分に堪能できる能登丼「海鮮丼」。ご飯に磯の香りたっぷりの天然イワノリを敷き、甘エビ、イカ、タイなど地元でとれた旬の魚介をふんだんに盛り込む。店主の木村隆明さんは「温かいご飯にのせるので、魚が新鮮でないとおいしく仕上がらない」と話す。

確かな鮮度で、舌が肥えた地元の人や観光客の胃袋を満たしてきた。器は、漆の温もりがあふれる輪島塗を使用する。

「能登究極丼」は、12～2月の季節限定品で、しかもカニが入荷した日のみ楽しめる。殻からむいた香箱ガニとズワイガニの身をご飯に敷き詰め、さらに香箱ガニ3杯分の内子《うちこ》と外子《そとこ》がのるぜいたくさ。外子のプチプチとした食感とカニ独特の甘みがたまらない。

地元産の山芋がとろりとかかる「山かけそば」。すりおろした山芋は、そばにも練り込まれている。こちらも11～1月の山芋のシーズンのみ味わえる。

２０１５年3月に店を改築。木村さんは「心機一転して頑張ります。ぜひお越しください」と話す。

店主
木村 隆明さん

MENU

海鮮丼 1500円（税込）

能登究極丼 2500円（税別）

山かけそば 1200円（税込）

やぶ新橋店

輪島市河井町 24-11-48
0768-22-0006
11:00 ～ 21:00
火曜休
20台

庄屋の館の
海藻しゃぶしゃぶ

能登外浦の曽々木・真浦海岸に面して建つ、藁葺《わらぶ》き民家調の食事処。地元の新鮮魚介類や能登牛を使った創作料理が満喫できる。

看板料理の「海藻しゃぶしゃぶ」は、アオサ、イワノリ、ギバサなど6種類の海藻を、温めた酒かす入りのだしにくぐらせる。緑がより鮮やかになり、風雅な趣で食べられる。海藻エキスが溶け込んだ、栄養満点のだしも飲み干したい。酒かすは、能登の酒蔵から出たものを使用。海藻は毎月1、2品ずつ入れ替える。

海藻エキスのだしは格別

希少なウミゾウメンも。透明感あふれる赤褐色の海藻で、コリコリとした食感が持ち味だ。ゴマだれで、そうめんのように味わう。6月に採れたものを灰でまぶし天日干し後、保存。都度、塩もみで戻す。

能登丼「能登牛ステーキ丼」もおすすめ。珠洲特産「大浜大豆」のコクのある寄せ豆腐に、上質の能登牛サーロインのうま味が絡むぜいたくさ。風味付けに散らしたニンニクチップが、味わいを一段と深める。

２０１３年に改装し、座敷に掘りこたつを設けた。畳でくつろぎながら、テーブルの開放感も楽しめる。店内の定員は90人で、20人が入れる個室もあり宴会が開ける。料理長の和田丈太郎さんは「毎日が真剣勝負です」と気を引き締める。

料理長
和田 丈太郎さん

MENU

海藻しゃぶしゃぶ 860 円
海藻しゃぶしゃぶ定食 2160 円
能登牛ステーキ丼 2600 円
海鮮丼 1620 円
(いずれも税込)

庄屋の館

珠洲市真浦町カ 10-1
0768-32-0372
11:00 ～ 19:30LO（昼休憩時間あり）
月 1 回不定休
15 台

コラム

近江町市場の一日

近江町市場は、加賀藩の御膳所として、享保6年（1721）に開設された。明治以後は庶民の市場として親しまれ、近年は金沢屈指の観光名所になっている。

鮮魚、青果、精肉、雑貨、食堂まで180軒余りの店が小路にひしめく。昔ながらの対面販売で、売り子たちの威勢のいい掛け声が四方八方に飛び交う。とりわけ「鮮魚通り」は活気がある。圧倒的な量と種類が揃い、見て回るだけでも心が踊る。

早朝3時半、金沢市中央卸売市場でセリ落とされた魚介類は、午前9時の開店までに近江町市場に並ぶ。「氷は、普段は午前6時、繁忙期は午前4時から砕き、売り場の台に敷きます」と、市場最大規模を誇る大口水産の店員さん。春はサヨリ、夏は天然岩がきやスタミナ源のドジョウのかば焼き。底引き網漁が解禁になる秋は、魚介類の種類が豊富に。冬は寒ぶり、加能ガニなどの味覚が揃う。

目利きの料理人は、えりすぐりの魚介を求めて開店前に訪れる。日中は観光客で賑わい、夕方は、鮮魚を売り尽したい店側との駆け引きも。「まけとくよ」の声に、つい財布の紐も緩む。夜の飲食店では、仕事帰りの会社員らが旨い魚と酒で疲れを流す。こうして市場の一日が終わる。

喉で味わう幸せ
極みの麺

やまぎしの

田舎粗びきそば

十割そば専門店。そば本来の素朴な味を堪能してもらおうと、めんとつゆのみで真っ向勝負する。ゆえに、天ぷら、とろろなどのメニューはない。

北海道産の玄そばを自家製粉し、

名水で手打ちする十割そば

白山麓の名水で手打ちする。人気は割り箸のように太い「田舎粗びきそば」。殻ごと粗挽きにしており、そばの実が放つ香ばしい香りと強いコシが持ち味。かめば、むちっとした中に、粗い粒の食感が楽しめる。一度食べるとクセになる味わいだ。

つなぎは一切入れず、そば粉と水のみでこねる。そのため、生地に柔軟性がない。中でも慎重を要するのは、押し伸ばした生地をめん棒に巻き、四隅を四角くする「角出し」の工程だ。店主の山岸隆さんによると、巻くと生地が割れるので、平らに置いた状態で入念に角をとがらせている。

ゆでるときは、紙にそっと乗せ、手のひらに移して湯の中に滑り込ませる。だが、熱湯にくぐらせると一転、めんは糊化し強くなる。

かえしは、金沢・大野の醤油、みりん、グラニュー糖を混ぜ、2、3週間熟成させる。これに、国産の昆布とカツオからとっただしを合わせる。奥行きのあるうまみが、繊細なそばの味をぐっと引き立てている。

店主
山岸 隆さん

MENU

田舎粗びきそば 700円（税込）

蕎麦やまぎし

金沢市此花町 3-2 ライブ 1 ビル 1 階
076-232-6060
11:30 〜 14:30（そばがなくなり次第終了）
水曜休
無し（提携駐車場の 30 分無料のサービス券あり）

更科藤井の

かき揚天そば

そばへの情熱を感じさせる究極の一杯に魅了される。

基本のそばは5種類ある。のど越しのよい細打ち二八そばに対し、かみしめて味わう太打ち荒挽きそば。風味豊かな十割生粉打ちそばもある。

原料が命の純白そば

看板で、ほかでは珍しい御前更科そばは、そばの芯の粉で打つ。この純白のそばに、クリなど季節の食材を練りこんだ変わりそばは、彩りと香りも楽しめる。これだけそろえば好みの品も見つかるというもの。ほかに、種ものも充実。コース料理や酒も用意する。

甘エビや季節の野菜を添えた「かき揚天そば」に使用するエビは、冷凍ものでなく生にこだわる。

店主の藤井誠さんは「そばは原料が命です」と話す。どんなに遠方でも、年に一度は産地へ買い付けに行く。畑の立地条件はもちろん、土作りや堆肥も生産者と認識を共通させるなど徹底している。

藤井さんは、長野や東京の老舗そば屋で10年余り修業した。金沢で開業したのは１９９９年。そばに馴染みの薄い土地柄であり、当時、そばの専門店は珍しかったという。

そんな中、藤井さんは「いかにすればお客さんにお越しいただけるか、という一心で頑張ってきました」と語る。

そば屋らしい落ち着いた
和の風情

MENU

かき揚天そば 1850円

御前更科そば 1100円

ざるそば 850円

(いずれも税込)

手打そば 更科《さらしな》藤《ふじ》井《い》

金沢市柿木畠 3-3
076-265-6870
11:30 ～ 14:00LO、17:30 ～ 22:00LO
(日祝は 11:30 ～ 20:00LO。売り切れ次第終了)
月曜休 (祝日の場合は営業)
駐車場無し

どんすきーの

酒鍋うどん

酒かす入りの絶品スープ

46年前、金沢で初めての讃岐うどんの店として誕生した。約40年前から始めた「酒鍋《ささなべ》うどん」が評判となり、名物になった。

小麦粉の風味を生かした、しこしこの自家製めんと、酒かす入りの滋味深いスープが好相性。底の一滴まで飲み干したくなるほど。身体も、芯からぽかぽか温まる。調味料に頼らず、自然素材を最大限に活用する。

具材の豚肉は、だしの邪魔をしないよう、脂身の少ないモモ肉を使用。ほかに、ニンジン、長ネギが入る。

人気のピークは、秋から5月の連休までだが、夏でも汗を流しながら食べる客もいる。一度食べるとやみつきになり、注文客の8割がリピーターだ。

めんは、北海道産の小麦粉をじっくり熟成させて作る。やや黄色を帯びているのは、粉に、胚乳部の一部が混ざっているためだ。

だしは、上質の利尻昆布やカツオ、イリコから丹念にとる。酒かすは、酒蔵から1斗缶で仕入れ、新しいうちに使い切る。タンパク質や各種ビタミン、葉酸、食物繊維などが豊富で、健康増進や美肌効果も。

2代目店主の植松通明さんは「食材の新鮮度や質など、すべておいて、徹底的に吟味した料理しか提供していない」と言い切る。

店主
植松 通明さん

MENU

酒鍋うどん 910円

うどん炊 910円

天ぷらうどん 920円

天ぷらカレーうどん 1000円

(いずれも税込)

うどん割烹どんすきー

金沢市石引 4-2-1
076-231-0441
11:00 ～ 21:00LO
隔週火曜休
12台

のぼるの 京ラーメン

身体に優しい自家製めん

「健康1番、おいしさ2番」をモットーに、身体に優しい自然派ラーメンを提供している。めんは、小麦粉、水、モンゴル産の天然かん水で作る。

自家製めんを実際に手がけるのは、生易しいものではない。製めん機の設置スペースが必要なうえ、温度や湿度管理など手間もかかる。それでもこだわるのは「手軽に食べるものだからこそ、余計な添加物を入れていないめんを出したい」からだ。

人気は、タレに金沢・大野の醤油を使った「京ラーメン」や天然塩で味付けした「京しお」、ブランド地鶏を使った「中華そば」など。

スープは、国産健康鶏のガラを軸に、豚骨、魚介を加え、強火で約6時間炊き上げる。コラーゲンがたっぷり溶け込み、とろりとした食感と重層的なおいしさが生まれる。化学調味料は使っていない。余分な油脂が取り除かれているため、後口はあっさりしている。

もともと和食職人だった店主の紙丸登さん。職場の板長が独立し、京都市でラーメン屋を開業した。その店を手伝ううち、ラーメンの奥深さに魅せられ転身。紙丸さんは「天然のうま味成分を生かした見事な一杯に、ラーメンも作る人によってはこんなにもおいしく仕上がるのかと感動した」と振り返る。

店主
紙丸 登さん

MENU

京ラーメン 650 円

京しお 700 円

中華そば 650 円

(いずれも税込)

ラーメン のぼる

金沢市玉鉾 1-177
076-200-9397
11:30 ～ 14:30、18:00 ～ 21:00
(売り切れ次第終了)
火曜休
あり（コープたまぼこ駐車場利用可）

神仙の

豚玉ランチ

細めんに絡むとろとろスープ

昼夜問わず客が押し寄せる繁盛店。それに甘んじることもなく、常に味の向上を追求している。

スープは、大量の豚骨を3日間強火で炊き上げる。髄のうま味やゼラチン質がふんだんに溶け込み、とろとろの食感が生まれる。時間の経過とともにゼリー状になるほど濃度が高い。それでいてしつこさがなく、最後まで飲み干せるのは、店主である河方卓さんの心意気の賜物である。

かえしは、老舗蔵元が造る一番搾りのたまり醤油と魚醤「いしる」を合わせ、2週間寝かせた。これを加えることで、スープにキレと奥行きが出る。

コシのある特製細めんに、スープが絡む一体感がクセになる。能登豚のコクのあるチャーシュー味も調和し、完成度の高い一杯に。

「豚玉ランチ」は、中華そばに豚玉めしが付く。豚玉めしは、甘く香ばしい能登豚のバラ肉と、卵黄がご飯にのる。サラリーマンのほとんどが注文する人気メニューだ。

箸休めに、名物「キャベキムチ」を楽しみたい。内灘町で栽培されたキャベツにキムチだれを混ぜ、風味豊かに仕上げた。

日本各地のイベントに出店の声がかかる。河方さんは「一人でも多くの方に感動を与えたい」と意欲的だ。

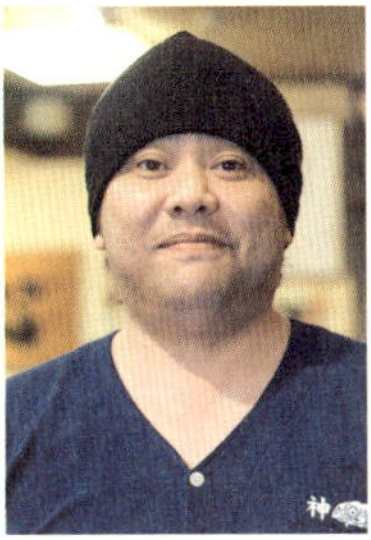

店主
河方 卓さん

MENU

豚玉ランチ 830 円
中華そば 640 円
炙りさばランチ 950 円
(いずれも税込)

金澤濃厚中華そば 神仙《しんせん》

金沢市西念 4-7-1 中央卸売市場前飲食通り
076-264-1144
11:00 ～ 15:00、17:30 ～ 23:00
(土日祝は 11:30 ～ 22:30)
無休
20 台

神楽の

神楽そば

天然素材のみで勝負する一杯

天然素材を活用し、うま味調味料や着色料、保存料は一切使っていない。店主の宮本人司さんは「食後3時間後に、血糖値、血圧が上昇しない、体にやさしいラーメンを提供している」と話す。ラーメンにかける情熱が丼一杯に表れている。

小麦粉本来の風味を生かした手もみ中太めんで、コシが強く、伸びにくい。もちもちとして、スープとの調和もよい。国産小麦粉とモンゴル産の天然かん水で作る。

特筆すべきは、色、コシ出しのために使用するかん水を、通常の約20%に抑えている点。代わりに、讃岐うどんのように足で生地を踏み熟成、弾力のあるグルテンを引き出す。

スープは、動物、魚介系計15種類の食材を使い、澄んだ黄金色に仕上げる。動物スープのまろやかなコクの中に、和の風味が漂う。うま味の元であるアミノ酸が複雑に絡み合い、味に奥行きを与えている。その飲みごたえは群を抜く。

人気の「神楽そば」は、トッピングに、窯焼きチャーシュー2枚、肉ワンタン3個、半熟味卵、メンマがのる。窯焼きチャーシューは、県内産の豚肉を窯で、約2時間かけて焼き上げる本格派。余分な脂が落ち、肉のうま味がギュッと凝縮している。

店主
宮本 人司さん

MENU

神楽そば 1080円

中華そば 780円

窯焼きチャーシューめん　3枚入り 980円

（いずれも税込）

中華そば専門店 神楽《かぐら》

金沢市寺町 1-20-10
076-280-5010
11:30 〜 14:30LO、18:00 〜 20:00LO
（昼夜とも売り切れ早じまいあり）
月曜休
10台

宮川の

天もりそば

丹念に引き出す香りと甘み

緑豊かな山間の竹林にたたずむ。先代の宮川孝昭さんが2000年に自宅を改装してオープンした。魅力は宮川さんの丹念な仕事ぶりにある。そば本来の香りと甘味を味わってもらおうと、素材の吟味から始まり、そば打ち、ゆで加減、器使いなど細部に至るまで心血を注ぐ。

福井産の風味豊かな在来種の玄そばを石臼で自家製粉し、アルカリ還元水を用いて手打ちする10割そば。玄そばからの挽きぐるみの太打ちと、丸抜きからの挽きぐるみの細打ちの2種類が味わえる。

宮川さんは「そばのおいしさは製粉とつゆで決まる」と言い切る。微粉、中粒粉、粗引き粉の配分が大事という。そばはつややかな透明感があり、豊かな香りを放つ。もちもちとした食感が特長だ。そばの実は、真空パックに詰めて専用の保冷庫で保管し、品質管理を徹底している。

つゆはかえしとだし汁の調和がとれており、そばのうま味を引き立てている。添加物は使っていない。好評の「天もりそば」はもりそばに、上質の油でカラッと揚げたエビ、旬の野菜などの天ぷらが付いていて彩りも楽しめる。

2代目の肇さんは「こだわり抜いたそばをぜひ、味わってください」と話す。

店主
宮川 肇さん

MENU

天もりそば 1900円

付け鴨そば 1600円

そば茶プリン（1日15個限定）400円

（いずれも税込）

蕎麦宮川

金沢市別所町ツ55
076-243-2887
11:30～15:00（売り切れ次第終了）
火曜、第3水曜休（祝日の場合は営業）
20台

じょんがらの

十一そば

噛めば本領、十一そば

オープンは２００４年。店主の上野善孝さんが脱サラして始めた。もてなしは、気取りのない温かさに満ちている。

北海道、秋田産などの厳選した玄そばを手間隙かけて石臼自家製粉する。

粗挽き粉を手打ちした十割そばは、そば通に好評。ふんわり広がる野趣あふれる香りとうま味、もちもちとした食感が堪能できる。太打ちと細打ちの2種類あり、太打ちは、ほかでは珍しいので人気があるという。

小麦粉1割を加えた「十一そば」は、つるりとしたのど越しが楽しめる。そばの本領は、咀嚼したときにこそ発揮される。上野さんは「のど越しのよさだけでなく、よく噛んで、そのおいしさを存分に味わってほしい」と話す。

柔らかな甘みのだしは、そばとよく調和し、後味の切れもよい。化学調味料は使っていない。

そばには、薬味、漬け物のほか、食後のデザートが添えられる。「天盛り」「エビ天」などのサイドメニューと組み合わせて味わうのもよい。

平日は「ランチセット」も用意している。そばに、小鉢、炊き込みご飯（いずれも日替わり）が付く。これに、１００円プラスするとコーヒーまたはアイスクリームも。

亭主
上野 善孝さん

MENU

十一そば 750円～

十割そば 950円～

鴨せいろ 1550円～

平日限定蕎麦ランチ 1000円～（売り切れ次第終了）

（いずれも税込）

じょんがら

白山市下柏野町 20
076-275-6002
11:00 ～ 17:00
火曜休（祝日の場合は営業）
5台

草庵の 鴨せいろ

のど越しつるりの細打ちそば

「そばとそば屋というたたずまいが好き」と語る店主の岡部州博さん。若い頃からそばを食べ歩き、それが高じて1998年、白山市の集落に店を構えた。

そばは鳥越、福井などの北陸産、信州産、茨城産の玄そばを自家製粉した手打ちの十割そば。新そばの時期に1年分を買い付け、温度と湿度を徹底管理している。

上質の国産鴨を使った「鴨せいろ」は、冷たいそばに温かくて濃厚なうま味の鴨汁を絡めて食べる。そばは細打ちでコシがあり、たおやかな香り、つるりとしたのど越しなど、通をもうならせるうまさ。岡部さんは「栄養的にもバランスのとれた一品です」と胸を張る。

お客さんに喜んでもらおうと、日々研究を重ねている岡部さん。「おろしそば」は、玄そばごと挽いた太打ちの田舎そばに、辛味大根が添えられ味わい深い。玄そばの黒い外皮のツブツブがほどよく散った「あらびき」は、かみ締めると広がるツブの滋味、ほのかに立ち昇る香りが心地よい。

2代目の博英さんは、地元の高校を卒業後、金沢の老舗料亭で4年間修業を積んだ。博英さんは「親父の味を守りながら自分の味も出していきたい」と意欲を見せる。

「まさにそば屋」というたたずまい

MENU

鴨せいろ 1800円

おろしそば 1030円

天せいろ 1800円

(いずれも税込)

草庵《そうあん》

白山市鶴来日吉町ロ 32
076-273-1090
11:30 ~ 16:00（夜は平日のみで 4 人~）
（日祝は 11:00 ~。売り切れ次第終了）
木曜休
10 台

亀屋の 三色せいろ

そば3種を食べ比べ

長野・黒姫産の上質の玄そばの実を石臼自家製粉した手打ちそば。収穫時に、1年分を買い付け低温恒湿倉庫で保管する。

人気の「三色せいろ」は、標準そばの「せいろ」をはじめ、「田舎」「白雪」「変わり」の中から3種類が好みで選べるので、食べ比べてみたい。

「せいろ」は、つなぎ1割で打ったやや細びきのそばで、風味とのど越しが堪能できる。粗びき粉十割の「田舎」は、味と香りが強く、かむほどにそば畑の原風景が目に浮かぶ。「白雪」は、そばの実の中心部分のさらしな粉に、つなぎ1割を加えて打つ純白のそば。扱いが難しい粉で、つなげるには高度な手法を要する。「変わり」は、さらしな粉に、旬の食材を練りこみ風味づけする。

だしは、ウルメイワシ、サバ、本ガツオを混合。脂の乗りを業者に開示してもらい、それを基に配合を変える。熟練の職人技が光る。

本がえしには、関東産の最上級醤油を用いる。砂糖、味りんを混ぜて寝かせた後、だしと合わせる。キレのいい甘めの味わいに仕上げてあり、繊細なそばによくなじむ。夏と冬は、若干味を変更するなど工夫も凝らす。

2代目店主の西川幸一さんは「満足していただけるものを、気を引き締めて作っている」と話している。

店主
西川 幸一さん

MENU

三色せいろ 1405円

鴨せいろ 1620円

天せいろ 1675円

せいろ 865円

（いずれも税込）

亀屋

かほく市白尾ハ 6-1
076-283-0866
11:30 ～ 14:30、17:00 ～ 19:30
月曜、第 1 火曜休（祝日の場合は営業）
12 台

はた坊の きのことベーコンの釜玉バター

本場、讃岐うどんの味にとことんこだわる。讃岐うどん専用の小麦粉や醤油、塩、青ネギ、スダチなど厳選素材を使い、その8割を四国から取り寄せている。

昔ながらの製法で丁寧に作ってお

全工程手作業の本格派

り、粉の練り、踏み、延ばし、すべての工程を手作業で行う。店主の秦好樹さんは「量産はできないが、機械でこの味は出せない」と言い切る。

前日までに仕込み、一晩熟成させて味に深みを出す。打つのは当日で、作り置きは一切しない主義。麺はコシが強いうえ、しなやかさも持ち合わせている。

だしは昆布、イリコなど天然素材をぜいたくに使用。素材の風味が生かされており、味、香りともに格別だ。

人気の「きのことベーコンの釜玉バター」は、イタリア料理のカルボナーラ風の仕上がり。発想もユニークだが、味の完成度も高い。溶き卵に釜上げしたばかりの熱々めんを合わせることで、クリーミィな食感に。トッピングは、マイタケ、シメジなど3種類のきのことベーコンをオリーブ油で炒めたもの。大葉、バター、粉チーズを絡めれば風味も一層深まる。

七尾で水揚げされたイカを使った「いか天おろしぶっかけ」や「能登豚肉汁つけ」もおすすめ。

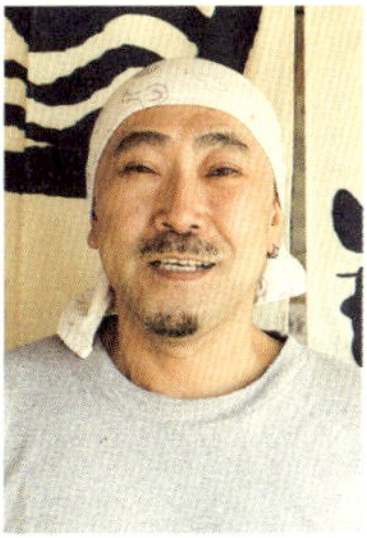

店主
秦 好樹さん

MENU

きのことベーコンの釜玉バター 880円
能登豚肉汁つけ（冷・釜）1000円
いか天おろしぶっかけ（冷・釜）980円
ぶっかけ・天ぷらスペシャル　冷・釜各1350円
(いずれも税込)

さぬきのうどん家 はた坊

七尾市小島町レ99
080-6369-7878
11:00～15:00（売り切れ次第終了）
月曜休（祝日の場合は営業で火曜休）
10台

珠洲製塩の

海水塩の一九二蕎麦

海水塩つゆで手打そば

国の重要無形民俗文化財「能登の揚げ浜式製塩」の見学および塩作り体験ができる。地元産そば粉を使った手打ちそばと自社製塩で握る塩むすびもおすすめ。

塩作りの手順はまず、砲弾型の「尾打桶《おちょけ》」を使って塩田の砂に海水を振りまく。砂が乾いたら集め、海水を注ぐ。砂の塩分が溶け、塩分濃度10～20％の「かん水」ができる。

平釜でかん水を熱し、濃縮する。ろ過タンクに通した後、さらに火をかけ水分を蒸発させる。塩が結晶化した時点で、塩にならなかった琥珀色の液体苦汁《にがり》が釜に残る。

塩は苦汁を多く含むと苦味が強まる。逆に、隠し味のようにほんのり含ませると、まろやかさや甘みが出る。「大事なのは、火加減です」と塩職人の山岸順一さん。火力が強いと、塩の結晶が細かくなり苦汁が多く絡む。そこで、温度を50～70度に保ち、大きめの結晶に仕上げるのがコツだ。

「一九二蕎麦」は、殻ごとひいた田舎風黒いそばと、丸抜きからひいた白いそばを盛り合わせた。強いコシと高い香りが持ち味だ。つゆは、塩で味付けした「海水塩」と醤油味の2種類。これを混ぜると3通りの味が楽しめる。土地の文化に触れて、海の恵を存分に享受したい。

塩職人
山岸 順一さん

MENU

一番釜 300g 1100 円
海水塩の一九二蕎麦 950 円
塩アイスミルク小 250 円
(いずれも税込)

珠洲《すず》製塩

珠洲市長橋町 13-17-2
0768-87-8080
8:00 ～ 17:00
(そば 11:00 ～ 15:00。売り切れ次第終了)
不定休
20 台

コラム

茶の湯が盛んなわけ

茶の湯の文化が盛んな金沢は、京都・松江とともに「日本三大お茶処（和菓子処）」として知られる。何世代にも渡り伝えられている茶室もあり、茶道愛好家も多い。加賀藩ゆかりの名茶道具でもてなす「加賀・梅鉢茶会」をはじめ、大小の茶会が１年を通して各地で開かれている。

藩政期、教養の一つとして公家や武家の間で茶の湯が奨励された。金沢で茶の湯が発展したのは、加賀藩初代藩主前田利家をはじめ、歴代藩主が茶道に高い関心を寄せ、高名な茶人と親交を深めたことにある。中でも、３代利常の功績が光る。加賀藩は、幕府に次ぐ大藩であったため、幕府から謀反を起こすのではないかと常に警戒されていた。そこで、幕府に忠義を示すべく利常がとった方策が、文化を推進し、軍備を控えることだった。

利常は、茶人で作庭家の小堀遠州らに師事。加賀藩は茶道具の収集のほか、御用釜師も召し抱えた。

５代綱紀の頃、茶道は隆盛を迎える。綱紀は裏千家の千仙《せんのせん》叟宗室《そうそうしつ》を京から招聘し「茶道具奉行」に任命。宗室は、藩士に茶道を指導したほか、有力な町人らにも広めた。茶の湯の文化を中心に、楽焼、釜などの茶道具は伝統工芸として独自に発展し、現代に受け継がれている。

ふらり立ち寄り
一服カフェ

茶房一笑の

献上加賀棒茶

和の風情漂う空間で一服

「丸八《まるはち》製茶場」（加賀市）のアンテナショップとして１９９４年、ひがし茶屋街の一角にオープンした。風情あふれる和の空間で豊かなお茶の時間が楽しめる。

　お茶は全国各地の契約茶園で栽培しており、安全性やおいしさにこだわって土作りから研究を重ねている。

　83年に昭和天皇が金沢を訪ねた際、棒茶を献上。それを「献上加賀棒茶」として商品化した。原料に茶葉ではなく、一番摘みの上質の茎を使用している。素材のうま味や香りを十分引き出すため、遠赤外線セラミックバーナーで浅炒りしており、さわやかな香りと茎茶特有の軽やかですっきりとした味わいが堪能できる。

　店では加賀棒茶、煎茶、玉露、抹茶の中から好きなお茶が選べる。また、水の代わりに水出しした献上加賀棒茶が供される。

　和菓子は、１９１５創業の高砂屋の上生菓子のほか、季節の和菓子などから好みで選べる。

　1階奥と2階にギャラリーを併設しており、県内外の芸術家の作品を展示販売している。

　茶器や菓子皿などは、客の雰囲気に合わせたものを使うなど細かい心づかいも感じられる。店長の太田千尋さんは「お茶の時間の楽しさをお伝えしたい」と笑顔を見せる。

紅殻格子の建物が周囲に
溶け込んでいる

MENU

お茶と菓子のセット 1080円（税込）
※菓子は上生菓子、酒まんじゅう（夏場は無し）、
白玉ぜんざい、抹茶ロール（土日祝限定）から
選べる

茶房一笑《さぼういっしょう》

金沢市東山 1-26-13
076-251-0108
10:00 ～ 18:00
月曜休（祝日の場合は営業、翌日休）
駐車場無し

桃組の

加賀野菜のジュース

加賀野菜のさわやかな風味をグラスにたっぷり詰め込んだ、フレッシュジュースが味わえる。
季節の加賀野菜に、イチゴ、オレンジ、リンゴ、バナナなどのフルーツをバランスよく組み合わせる。春は金沢春菊やせり、夏は金時草《きんじそう》、秋は蒸した五郎島金時、冬は源助大根などを用いる。それぞれの配合は何度か試すうち、計算できるようになったという。

新感覚の野菜ジュース

例えば、「加賀太きゅうりとオレンジ」は、見た目はオレンジ色だが、口にすれば加賀太きゅうりのさっぱりとした風味が広がる。冬は、風味豊かなポタージュもある。

店主の稲場舞さんはかつて、大阪で働いていたことがある。故郷を離れることで、金沢の食の魅力に気付いたという。

店を開いたのは11年前。当初は「加賀野菜をジュースにするなんて考えられない」と、周囲の人に言われた。しかし、実際飲んでみると「おいしい」と感激する人ばかり。稲場さんは「加賀野菜を気楽に味わい、その良さを知ってもらうきっかけになれば」と話す。

江戸時代に建てられたとされる茶屋を利用する。1階は改装したが、床が一段高くなった小上がりと2階は、当時の風情がそのまま残る。

ひがし茶屋街の一角に
佇む

MENU

加賀野菜のジュース 各630円（税込）

桃組《ももぐみ》

金沢市東山1-12-11
076-252-8700
10:00 〜夕暮れ時
火曜休
駐車場無し

久連波の
季節の上生菓子

のんびり優雅にいただく

呉服の老舗「ゑり虎」が営むカフェ&ギャラリー。店内は、茶屋造りの風情ある空間が広がる。

「季節の上生菓子」は、金沢のお茶席専門の和菓子店「吉はし」から仕入れる。抹茶と一緒に味わえるほか、コーヒーと組み合わせてもおいしい。「抹茶ダンゴ」は、ダンゴに抹茶きな粉をまぶした。口に運ぶと上品な甘味の後に、抹茶のほろ苦さがふんわり広がる。

2階の座敷は、簾戸《すど》を配し、涼しげな印象。茶屋街の通りも一望できる。夏の昼下がり、漆塗りの丸テーブル、あぐら膳を囲み、のんびりと甘味を楽しむ。そんな優雅な一時を過ごしてみたくなる。

座敷は4部屋あり、稽古事の発表会やギャラリースペースとして有料で貸し出しもしている。茶屋街を盛り上げるため、気楽に使ってほしいという。

1階では、おしゃれな友禅小物などを販売する。春先と秋口は着物レンタルもあり、着物姿で茶屋街を散策できる。

店名は「久しく連なる波のように、脈々と店が次代へ受け継がれていくこと」を願って名付けられた。

奥の喫茶には、著名な加賀友禅作家由水《ゆうすい》十久《とく》氏の手による染絵が配された食器棚もある。

夏場には涼やかな提灯も

MENU

季節の上生菓子 400円

抹茶ダンゴ 500円

(いずれも税込)

ひがしやま 久連波《くれは》

金沢市東山 1-24-3
076-253-9080
10:00 ～ 17:30
水曜休
駐車場無し

金花糖の
クリームあんみつ

具だくさんの贅沢甘味

手作りの甘味が楽しめる。人気は、見た目もぜいたくな「クリームあんみつ」。丹波産大納言小豆を使った自家製あん、プルプルの寒天、アイスクリーム、黒豆、黒みつなどで風味豊かに仕上げた。力強くしっかり

したあんの味を引き立てるため、アイスクリーム、寒天の甘さは抑えめ。

黒豆の弾力のある歯ごたえをアクセントに、味付け、口どけにメリハリがあり軽やかな印象を残す。

アイスクリームの原料の卵も厳選する。飼料のトウモロコシは、非遺伝子組み換えで、収穫後の農薬も不使用のものを用いる。

「紅茶あんみつ」は、香り高い紅茶の寒天、あん、白玉団子、生クリームが盛り込まれる。彩りにイチゴとキウイを添えた。白玉団子は、注文別にゆでるので、もっちりとした歯ごたえを味わえる。

店主の藤村初美さんは「晩年は、こういう店を持ちたいと常々思っていた」と振り返る。金融関係の仕事を40代で退職し、東京や神奈川・鎌倉の甘味処を1年間食べ歩いた。町家を改装しオープンしたのは2000年のことだ。

玄関に飾られた季節の花には、もてなしの心が込められる。藤村さんは「鑑賞しながら、ゆっくりくつろいでほしい」と話している。

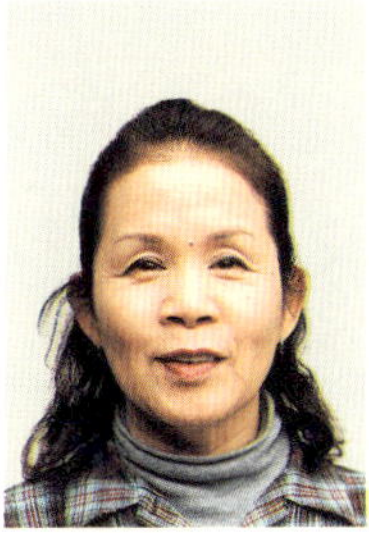

店主
藤村 初美さん

MENU

クリームあんみつ 800 円

紅茶あんみつ 750 円

抹茶ぜんざい 700 円

金花糖オリジナルブレンドコーヒー 400 円

（いずれも税込）

甘味処 金《きん》花《か》糖《とう》

金沢市長町 3-8-12
076-221-2087
12:00 ～ 17:00
火曜、水曜休（祝日の場合は営業）
4 台

つぼみの
葛きり

野趣あふれる風味を堪能

店内に足を踏み入れると、土間や土壁など随所に施された雅致豊かな意匠と、細密な技法が目に入る。金沢城外堀の石垣や辰巳用水のせせらぎといった借景も望める。

料亭「杉の井」（P22）がプロデュースする甘味処として2003年にオープンした。店主の越沢晃一郎さんは「地元の職人が技巧を凝らした空間で、おいしいものを味わってほしい」と話す。メニューは、全国から厳選した食材を使い、手間隙をかけて作っている。

人気の「葛きり」は、奈良・吉野産本葛粉と、山麓にわく天然水だけを使った風味豊かな逸品。葛特有の芳香と透明感、しこしこの歯ごたえ、つるりとしたのど越しが堪能できる。葛きりの硬さや弾力は、約1年間試行錯誤を繰り返し、納得がいくものに仕上げたという。沖縄・宮古島産の黒糖を使った黒蜜は、野趣あふれる風味とすっきりとした後口が持ち味だ。

見た目も涼しげな「かき氷」は、きめ細やかな氷の食感が楽しめる。ひき立ての抹茶を使った「特選抹茶小豆」など多彩なシロップがそろう。すべてのメニューに香ばしい加賀棒茶が付くのもうれしい限り。時間をかけて丁寧に選んだ美しい器とともに、じっくり味わいたい。

店主
越沢 晃一郎さん

MENU

葛きり 750円
かき氷 黒蜜きなこ 750円
特選抹茶小豆 860円
杏 860円
(いずれも税込)

つぼみ

金沢市柿木畠 3-1
076-232-3388
11:00 ~ 19:00
水曜休
駐車場無し

ルミュゼドゥアッシュの
ルビーロマンフレ

傾斜した大きなガラス張りの窓に圧倒される。窓の外には、本多の森の豊かな木立が広がる。光に満ちあふれた、開放感のある空間でくつろぎたい。

県出身で世界的なパティシェ、辻《つじ》口《ぐち》博啓《ひろのぶ》さんによるカフェ&パティスリー。ショーケースには、代表作の「セラヴィ」も並ぶ。

高級ブドウを惜しみなく

　季節商品の「ルビーロマンフレ」は、宝石のように輝く紅色が際立つ。ムースは、香り高いライムとチーズで作った。赤ワインなどで蜜漬けにした石川県産高級ブドウのルビーロマンがしのばせてある。表面はルビーロマンと赤ワインのジュレで覆われる。土台は、サクサクとした食感のクッキー生地。鮮やかで手の込んだ構成だ。ヴァンドゥース（販売員）の厚見有理さんは「チーズの酸味とブドウは相性がよい」と話す。

　複雑な味わいながらも口の中で1つにまとまり、後口も軽い。食材は、できる限り地元産を使用する。

　ケーキの色味が栄えるよう、店内は黒を基調とし、皿は白を用いる。銀箔をあしらった茶室もあり、玉露茶とスイーツのフルコースが楽しめる。

　YUKIZURI（雪吊り）は、兼六園の雪吊りをイメージして作った。おみやげに最適な品である。

販売員
厚見 有理さん

MENU

YUKIZURI うめ 1 箱 1080 円

ルビーロマンフレ 572 円（秋期のみ販売）

セラヴィ小 567 円

（いずれも税込）

ル ミュゼ ドゥ アッシュ
KANAZAWA

金沢市出羽町 2-1　石川県立美術館内
076-204-6100
10:00 ～ 18:30LO
無休
60 台

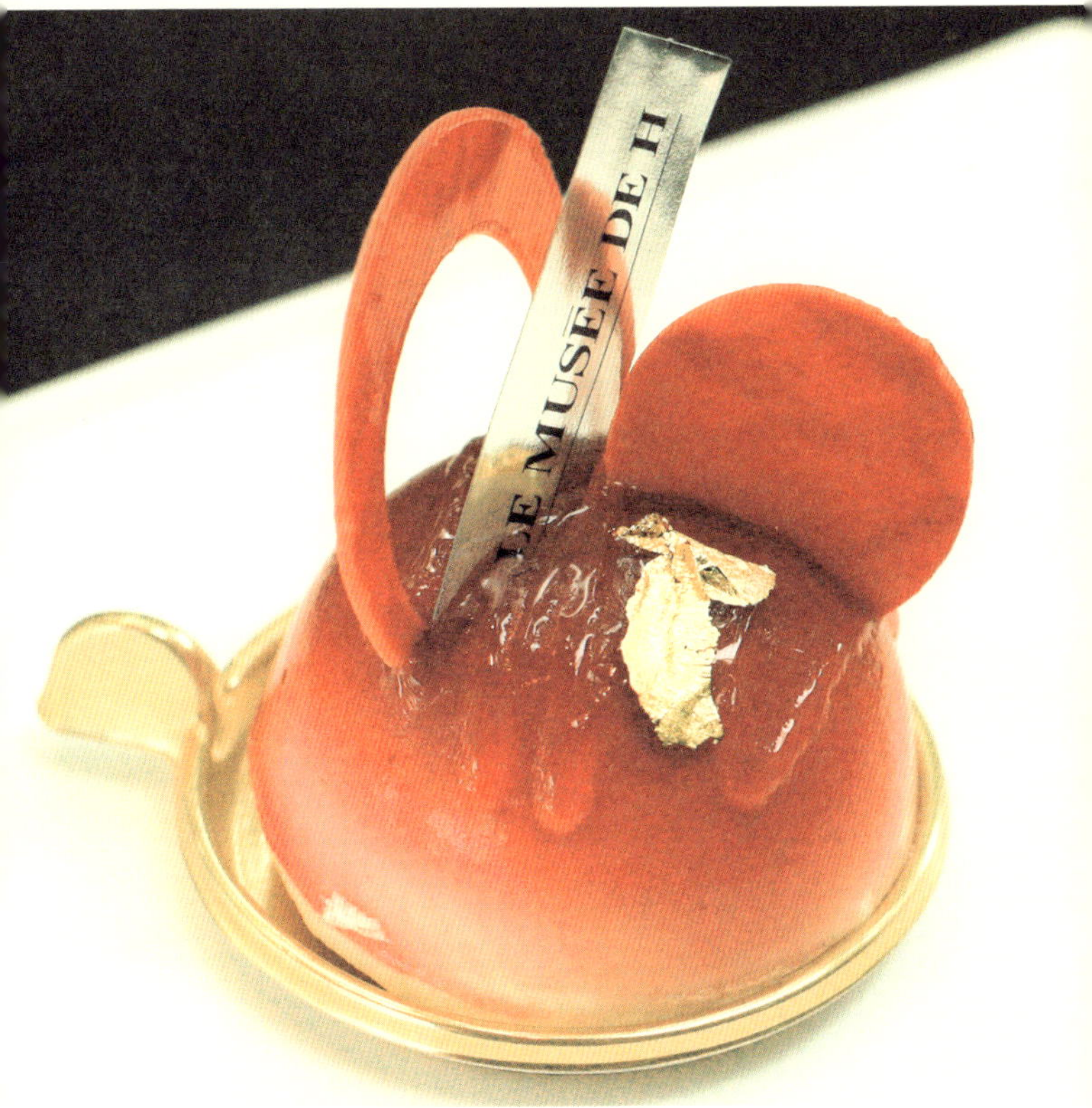

野田屋茶店の

加賀棒いり茶

香り高い自家焙煎の日本茶

　１８５９年創業の老舗の茶店。生産地の気候、風土によって、味や香りの異なる個性豊かな日本茶約50種類をそろえている。

　人気は、自家焙煎の「加賀棒いり茶」。原料に一番摘みの茎を使用している。香ばしさを十分引き出すため、独自の方法で丹念に深炒りしており、高い香りとすっきりとしたのど越しが満喫できる。

　抹茶は、上品な甘味の碾《てん》茶を店の石臼でひいて粉末にしている。茶葉ごと飲めるため、ビタミンC、E、ミネラル、食物繊維などの栄養素が無駄なく摂取できる。希望すれば、好みの茶葉に、抹茶をブレンドすることも可能だ。

　4代目店主の野田正輝さんの妻郁子さんによると、お茶の味はその年の天候に左右されやすい。そこで、店の基準の味を保つため、数カ所の茶葉を合わせて調整。常に味が変わらないよう心がけている。

　店内に喫茶を設けたのが25年前。中庭の眺望を楽しみながら、茶と甘味が味わえる。上質の抹茶をぜいたくに使った「抹茶ソフトクリーム」は、抹茶の豊潤な香りと、ほろ苦さが格別だ。

　野田さんの孫の彩翔さんは「おいしいお茶と甘味を用意しています。ぜひお越しください」と話す。

スタッフ
野田 彩翔さん

MENU

加賀棒いり茶 100g 540 円（詰め替え用）

抹茶ソフトクリーム 280 円

（いずれも税込）

野田屋茶店

金沢市竪町 3
076-221-0982
9:30 ～ 19:00
無休
無し（周辺駐車場サービス券あり）

夢ミルク館の

夢ミルク ソフトクリーム

酪農家直営の生乳加工品

河北潟で約300頭の牛を飼う「ホリ牧場」の直営店。搾りたての新鮮な生乳を加工したソフトクリームやヨーグルト、ミルクなどを販売している。

生乳のおいしさをそのまま届けたいと、低温殺菌処理にこだわる。65度で30分間殺菌しており、一般に出回っている130度で2秒殺菌した「超高温殺菌」に比べると、日持ちしない。あえてこの方法をとり入れているのは、加熱によるタンパク質やカルシウムの変性が少なく、味や香りが良質のまま保てるからだ。

店長の掘和美さんは「パン作りやシチューに使うとコクが出ます」と話す。

一番人気は、1000個売れる日もあるという「夢ミルクソフトクリーム」。濃厚なミルクの風味が堪能できる。乳化剤や凝固剤などの添加物は使用していない。

ソフトクリームの「デュオネージュ」は、凍らしたヨーグルトとフルーツを混ぜて作る。ほかにも、ミルクとチーズをたっぷり使った「モーちゃん焼」、腸内活性ヨーグルメイトを使った「ヨーグルトソフトブルーベリーソースがけ」、ホリ牧場の新鮮な牛乳と放し飼いの鶏の卵で作った濃厚な「金澤プリン」など、多彩なオリジナル商品がある。

店長
堀 和美さん

MENU

夢ミルクソフトクリーム 350円（ミニ 300円）
モーちゃん焼き 160円
デュオネージュ 500円
（いずれも税込）

夢ミルク館

内灘町湖西 243
076-255-1369
10:00 ～ 17:00（土日祝は～ 18:00）
木曜休（5 ～ 9 月は無休。11 月下旬～ 2 月末は
土日祝 10:00 ～ 3:00 のみ営業）
100 台

鶴仙渓「川床」の
川床セット

涼を呼ぶ山中温泉春夏の風物詩、鶴仙渓「川床」。２００７年、山中温泉観光協会が大聖寺《だいしょうじ》川に架かる「あやとりはし」たもとに、６基36席を設けたのがはじまり。事務局の武田克広さんは「散策とは違った視点で楽しんでほしい」と話す。

涼感たっぷりのさわやかな甘み

　地元出身の料理人、道場六三郎レシピのスイーツと加賀棒茶が味わえる。このほか、地元旅館や飲食店による「川床弁当（要予約）」もある。和、洋、中があり、川床に持ち込める。スイーツは2種類あり、好みで選べる。

　「冷製抹茶しるこ」は、白あんと抹茶を混ぜた緑色のしるこに、白玉を浮かべた。涼感たっぷりのさわやかな甘みが口いっぱいに広がる。抹茶は、うま味と香りが際立つ、二段階火入れ製法のものを用いる。

　「川床ロール」は、三温糖と隠し味のみそを生地に配し、コクを出した。クリームには、炒った加賀棒茶の粉末が練り込まれている。ふんわり、しっとり生地に包まれて、甘くとろける香ばしいクリーム。また味わいたくなるぜいたくなおいしさだ。

　大聖寺川の清冽な流れ、渓谷を彩る緑を愛で、せせらぎの音を耳に、スイーツや川床弁当に舌鼓を打つ。五感のすべてに涼を感じながら、至福の一時を過ごすことができる。

川床で涼を満喫しよう

MENU

川床セット（加賀棒茶、スイーツ付き）600 円

席料のみ（加賀棒茶付き）300 円

※山中温泉旅館利用者は 100 円引き

（いずれも税込）

鶴仙渓《かくせんけい》「川床《かわどこ》」

加賀市山中温泉河鹿町
0761-78-0330（山中温泉観光協会）
9:30 ～ 16:00（営業期間は 4 月 1 日～ 10 月 31 日）
期間中無休（雨天、増水、メンテナンス期間は休み）
あやとりはし駐車場 12 台

しお・CAFEの
しおサイダーパンケーキ

炭酸でふんわりしっとり

揚浜《あげはま》式塩田が広がる塩街道沿い。片岩町の古民家を改装し、２０１４年８月にオープンした。５世帯ほどの小さな町にもかかわらず、開店１カ月間で２８６３人が訪れた。加賀市の企画会社「アンテ（P１７９）」が、塩を発信する新たな拠点として設けた。同社は、揚浜式製塩の海水塩を原料に商品開発を展開する。

２００９年11月に発売した人気の「しおサイダー」は２０１４年７月に、販売本数が累計１００万本に達した。

メニューは、しおサイダーを使った彩り鮮やかな「ノンアルコール地サイダーカクテル」など塩にこだわったおしゃれなものばかり。

「しおサイダーパンケーキ」は、生地にしおサイダーを練り込み、炭酸のはたらきでふんわりしっとりと仕上げた。オレイン酸が豊富でおいしい能登牛のビーフシチューなど、地元特産品も存分に用いる。

カフェの設計、デザインは、金沢工業大学の竹内申一准教授のゼミ生が手がけた。吹き抜けを設けた開放感のある建物は、限界集落に風穴を開けることを表す。中巳出理社長は「多くの若者に来てもらい、交流人口を増やす手伝いをしたい」と意欲を見せる。

社長
中巳出 理さん

MENU

しおサイダーパンケーキ 1080 円
ノンアルコール地サイダーカクテル 432 円
能登牛のビーフシチュー 2808 円
(いずれも税込)

しお・CAFE

珠洲市片岩町ノ部 12
0768-87-2111
10:30 ～ 19:00
水曜休（祝日の場合は営業）
(11 月 11 日～ 3 月 13 日は休業)
5 台

コラム

菓子王国・金沢

金沢は、全国でも指折りの和菓子処である。加賀藩初代前田利家をはじめ、歴代藩主が茶の湯を奨励したことで、茶席にかかせない和菓子が洗練されていった。仏事とも関わりが深く、生活の中に和菓子が根付いている。

金沢における和菓子屋の発祥は諸説ある。前田利家入府のときに連れて来た御用菓子処、堂後屋三郎衛門が天正18年（1590）に開いた餅菓子屋の説。ほかに、2代藩主利長の時代、藩の御用菓子師だった樫田吉蔵《かしだきちぞう》が、慶長5年（1600）に考案した五色《ごしき》生菓子をルーツとする説も。

現在、金沢で最古の和菓子屋は、寛永2年（1625）創業の森八（P166）である。3代目の森下八左衛門が手がけた「長生殿《ちょうせいでん》」は、日本三大名菓の一つ。3代藩主利常の創案で、小堀遠州が命名した。

藩政期に端を発する伝統的な縁起菓子も数多い。代表的なものに、正月の紅白の最中「福梅《ふくうめ》」と7月1日の「氷室まんじゅう」がある。桃の節句は「金花糖《きんかとう》」を飾り、婚礼時には五色生菓子が欠かせない。

金沢の人は、事あるごとに和菓子を贈りあい、よく食べる。和菓子屋の数も多いが、茶席菓子から庶民的な朝生まで、すみ分けができている。

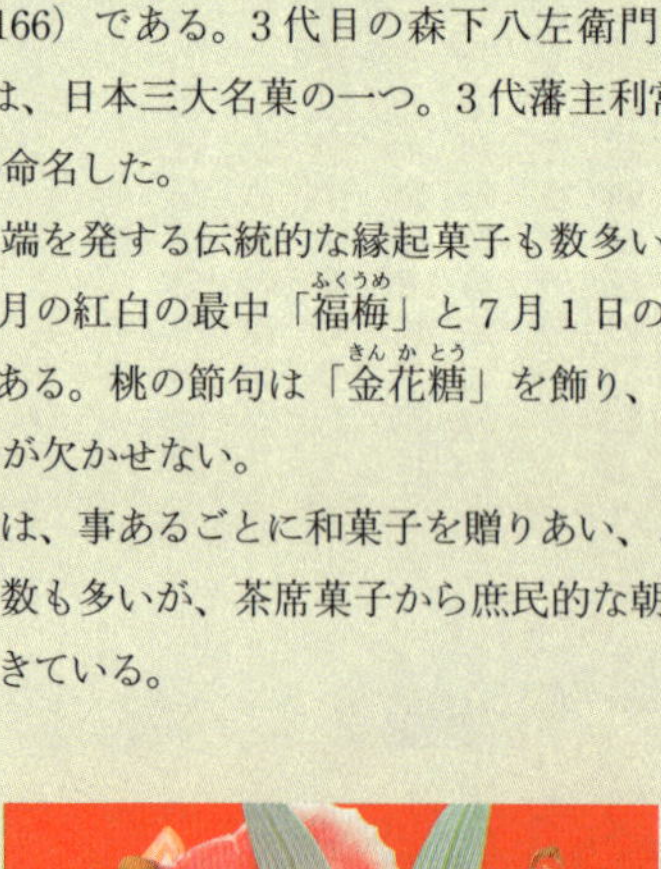

テイクアウトの逸品

MENU

焼まん　大１個　702円

小１個　378円

金城巻　６個入り　1080円

（いずれも税込）

越山甘清堂《こしやまかんせいどう》

金沢市武蔵町 13-17
076-221-0336
9:00 ～ 18:00
水曜休
５台

越山甘清堂の

焼まん

皮のうま味が決め手

看板商品は、自家製酒種で発酵させた「焼まん」。直径15・6センチもある大判の酒まんじゅうで、50年を超えるロングセラーだ。

小麦粉、酒種、塩をこねた生地に、ほどよい甘味のこしあんが包まれる。酒種は米こうじ、餅米、水を継ぎ足し熟成させながら長年受け継いできた。添加物は一切使っていない。

6代目社長の徳山康彦さんは「皮の芳香、うま味、コシを存分に堪能してほしい」と話す。オーブントースターでこんがり焼くと、酒種の香りが立ち一味違ったおいしさに。

今屋の

珈琲煎餅
とるてぃやん

ほろ苦さがくせになる

生地にコーヒーエキスやハチミツなどを混ぜ合わせ、コーヒー豆を丸ごと散らした「珈琲煎餅とるてぃやん」が人気。パリッとした生地はほろ苦い味わいで、コーヒー豆の高い香りと味が楽しめる。店員の桜井樹世子さんは「甘いものが苦手な人でも食べられます」と話す。

とるてぃやんにチョコをかけた「とるてぃやんチョコ」は、コーヒーのほろ苦さがチョコと相まって奥深い味わい。ほか、小麦粉と地元醤油で作る「金沢大野の醤油せんべい」など、常時46種類が並ぶ。

MENU

珈琲煎餅とるてぃやん	6枚入り	108円
とるてぃやんチョコ	4枚入り	108円
ミニとるてぃやん		270円

(いずれも税込)

加賀煎餅《せんべい》 今《いま》屋《や》

金沢市彦三 2-5-25
076-231-6797
8:00 ～ 18:30
日曜休
2台

森八の

長生殿

MENU

長生殿　４枚入り　1080円
長生殿生メ　４枚入り　1080円
桜もなか　６個入り　1080円
（いずれも税込）

森八《もりはち》

金沢市大手町 10-15
076-262-6251
9:00 ～ 18:30
（併設の茶寮、木型美術館は～ 17:00）
無休／ 10 台

武家好みの鋭角な落雁

寛永２年（１６２５）創業で、代々加賀藩御用菓子司を営んできた老舗。落雁「長生殿《ちょうせいでん》」は、北陸産のもち米粉に、徳島の和三盆糖を混ぜ、色づけには、天然の本紅を用いる。木型に押し込み打ち上げることで、鋭角な落雁ができ上がる。

春を告げる愛らしい「桜もなか」もおすすめ。皮と餡が２色仕立てで楽しめる。桜葉が香る桜色皮には、国産大納言小豆で作る黒小倉餡を。焦がし皮に詰るのは草小倉餡。希少な国産白小豆と、たおやかな香りの春ヨモギを炊き合せた。

中田屋の

きんつば

MENU

きんつば・うぐいす　各1個　170円

きんつば・うぐいす　各10個入り　1650円

大柴船　1本90円

（いずれも税別）

中《なか》田《た》屋《や》

金沢市元町 2-4-8
0120-588-228
9:00 ～ 19:00（日祝～ 18:00）
無休
3台

つややかな小豆粒が売り

「きんつば」であまりにも有名。ここのでなければというなじみ客が多い。あんと皮だけのシンプルな菓子に、伝統の技が結集している。

売りは、半分に割ると現れるつややかな大納言小豆の粒。すっきりした甘みで、小豆そのものの風味が引き立つ。

北海道産の粒よりの大納言小豆を使用する。釜ゆでした後、寒天を溶かし、みつに漬け、数時間煮込む。粒がつぶれたり焦げたりしないよう、職人が火加減を調整しながらつきっきりで世話をする。

MENU

加賀さま	1個	822円
加賀さま小型	5個入り	720円
加賀の茶室	12袋入り	977円

（いずれも税込）

坂尾甘露堂《さかおかんろどう》

金沢市南町 3-34
076-262-4371
9:00 ～ 18:00
日曜休
1台

坂尾甘露堂の

加賀さま

深い甘みの特大最中

文化元年（１８０４）から続く老舗。銘菓「加賀さま」は、前田家の家紋である剣梅鉢をかたどった最中。直径約15センチと型破りの大きさだが、その姿は端整で気品がある。

皮に粒、こし、抹茶の3種類のとろりと軟らかいあんが詰る。自家製のあんは、粒よりの北海道産の小豆を使用し、甘味には水あめと砂糖を用いる。下炊きした小豆を数回漉し、きめ細やかな味に仕立てていく。口にすれば、香ばしい最中の皮とあんの深い甘みが絶妙のハーモニーを醸す。後口は、思いのほかすっきり。

清香室町の

くるみ

MENU

くるみ　1個　80円

生しばふね 1個　120円

生くずきり 1個250円(5月中旬～8月末頃)

(いずれも税別)

清香室町《せいかむろまち》

金沢市本多町 2-1-2
076-262-2556
9:00 ～ 19:00
日曜休
3台

風味豊かな一口最中

　銘菓「くるみ」は、くるみの殻の形を模した、一口サイズの最中。こしあんに、一粒のくるみを添え、食感と味わいにアクセントを付けた。

　あんは、北海道産の上質の小豆や白双糖《しろざらとう》、金沢・犀川の伏流水を使用し、すっきりした甘みに仕上げている。餅米で作った自家製皮とも程よく調和し、飽きがこない。

　1946年の創業時から愛される看板商品である。3代目店主の田中尚行さんは「当時珍重されていた白山特産のくるみにちなんで、初代が作り始めた」と振り返る。

MENU

加賀八幡起上がり最中

7個入り　1016円

10個入り　1458円

(いずれも税込)

金沢 うら田

金沢市御影町 21-14
076-243-1719
9:00 ～ 18:00 (日曜は～ 17:00)
無休 (1月1日休)
6台

うら田の

加《か》賀《が》八幡《はちまん》
起上がり最中

郷土玩具を模した最中

「加賀八幡もなか」は、金沢の郷土玩具「八幡起き上がり」を模した縁起菓子で、胴には松竹梅の図柄があしらわれている。赤い包み紙をはらりとほどけば、丸くて愛らしい最中が現れる。ぎっしり詰った粒あんは、北海道産の小豆を吟味して使用。なめらかで深い味わいながらも、すっきりとした後口に仕上げた。

祝事の贈り物にも最適。起き上がりの縁起を担ぎ、病気見舞いにも使われる。図柄を中央に配した赤い箱も人気があり、箱目当てにそれに見合った個数を購入する客もいる。

百万石花園屋の

百万石まんじゅう

MENU

百万石まんじゅう　125円

（こしあんのよもぎ、白、粒あんの赤の３種類）

桜大福　１個　130円

（いずれも税込）

金沢 百万石花園《はなぞの》屋《や》

金沢市城南 2-3-14
076-261-2308
7:00 ～ 18:00
木曜休
駐車場無し

50年ものの自家製酒種

安心・安全でおいしい和菓子に定評がある。自家製の酒種で発酵させた銘菓「百万石まんじゅう」は、毎年7月の氷室の時期2日で、約6万個売れる人気商品。もちもちと弾力のある皮に、甘さ控えめの小豆あんがほどよく調和している。ふくよかな酒の香りも心地よい。

味や香りの決め手となる秘伝の酒種は、こうじと米、水を継ぎ足して熟成させながら50年間使い続けている。店主の中野斉さんは「常にこうじと一緒に生活していないと、安定した商品は作れない」と話す。

金沢彩匠の 五色あられ

MENU

五色あられ	300 g入り	540円
金沢・黒米せんべい「匠」	14枚入り	540円
甘えび跳ねせん	9枚入り	540円

(いずれも税込)

お菓子処 金沢彩匠《かなざわさいしょう》

金沢市押野2-290-1
076-243-7155
10:00～18:00
無休
10台

80年親しまれる味

米菓の草分けでもある「北陸製菓」の直営店。「五色あられ」は、1932年の発売以来親しまれる。甘さの中にほんのりきかせた塩味が、全体をきりりと引き締める。カリッとした食感で、どこか懐かしい味わいも存分に楽しめる。

主原料に、カグラ餅米を使用する。蒸してつき上げ、ドーナツ型容器で5日間じっくり冷す。その後、機械乾燥を3回繰り返すが、その日の温度や湿度、米の状態によって乾燥時間が異なるため、職人が固さを確かめながら、熟練の技で仕上げる。

大松庵の

月見団子

MENU

月見団子　7個入り　600円
ミックス　8個入り　680円
(いずれも9月下旬〜11月中旬)
大松団子　1本　100円〜
(いずれも税込)

菓子処 大松庵《だいまつあん》

白山市平松町208-7
076-276-2047
10:00〜19:00
月曜休
8台

3種のあんを堪能

ウサギを模した「月見団子」は、白、黄、赤の3色の生地に、こしあん、粒あん、チョコあんが各々詰る。「あんは和菓子の命」が信条。小豆は、北海道産の「豊祝」を用いる。大粒で薄皮のため、粒あんに加工しても皮が口に残らない。小豆自体にでんぷん糖がたっぷり含まれているので、砂糖の使用も控えた。

こしあんは、さらりと口溶けがよい。チョコあんは、洋菓子好きな人や子どもにも喜んでもらおうと考案した。ミルクチョコの甘みとこしあんの風味が絶妙でクセになる。

行松旭松堂の

雪花糖《せっかとう》

茶人好みの銘菓

天保8年（１８３７）創業の小松最古の和菓子屋。茶の湯が盛んな当地で、茶席菓子の傑作を数多く手がけている。

代表銘菓「雪花糖」は、6代目社長の行松文男さんが、一子相伝の技で初代からの味を守っている。

白山特産のクルミを蜜漬けし、和三盆と寒梅粉の衣をまとわせて仕上げた。クルミの深い味と衣の風味がほどよく調和した逸品で、茶人好みの銘菓として広く親しまれている。全国菓子博覧会で、裏千家の茶道家元賞を受賞した。

MENU

雪花糖	7個入り	669円
	15個入り	1404円
上生菓子	1個	270円

（いずれも税込）

行松旭松堂《ゆきまつきょくしょうどう》

小松市京町 39-2
0761-22-3000
9:00 ～ 19:30
火曜午後休
3台

MENU

煉羊羹	1本	324円
抹茶羊羹	1本	378円

（いずれも税込）

瑓永昌堂の

煉羊羹《ねりようかん》

瑓永昌堂《れんえいしょうどう》

加賀市山代温泉 18-116
0761-76-1480
8:00 ～ 20:00
無休（1月1日、2日休み）
駐車場無し

厳選素材で上品な甘さ

文政2年（1819）創業の老舗で、旅の僧から羊羹の製法技術を学んだのがはじまり。

看板商品「煉羊羹」の材料は小豆、砂糖、寒天のみ。シンプルなだけに素材の良し悪しがそのまま味に出る。

自家製あんは、北海道産の小豆を原料に、手間隙かけてじっくり炊き上げる。砂糖は、純度が最も高い白ザラ糖を使用。寒天は、高品質で凝固力の強い糸寒天を用いる。家伝の製法を守り、磨き抜かれた技で丁寧に作っている。口にすれば、豊かな小豆の風味と上品な甘みが広がる。

竹内の

みそまんじゅう

MENU

みそまんじゅう	1個	130円
しなもんど	1個	130円
ふっくら	1個	150円

（いずれも税込）

みそまんじゅう本舗竹内

七尾市田鶴浜町を部14
0767-68-2053
8:00～18:00
木曜休
10台

自慢の白あんが香る

盆には1日約2万個を売り上げる「みそまんじゅう」が看板商品。みそと醤油を混ぜた生地に、自慢の白あんが包まれる。ふんわりしっとりとした食感で素朴な味わい。

白あんは、原料のインゲン豆の品質にとことんこだわる。北海道の中でも産地を指定し、契約農家で栽培されたものを使用。粘りや風味が秀逸で、口にほんのり余韻を残す。添加物を使わなくても風趣が保てるよう、蒸し方にも工夫を凝らす。

「出来立てを届けたい」という一心から、作り置きは一切しない。

ドルチェ・カンパーニュの
ふわふわ シフォンボール ボーノ

絹のような上品さ

　看板は「ふわふわシフォンボールボーノ」。上品な姿ながらも、意外なほどダイナミックな味わいが堪能できる。冬は月1万個以上売れる。
　おいしさの秘密は、生地とクリームの完成度の高さにある。生地は、しっかり泡立てたメレンゲに、小麦粉をサックリと合わせ、絹のような滑らかさとふわふわ感を出した。
　中に、カスタードベースのクリームが詰る。卵黄とバニラビーンズを通常より多く使い、風味豊かに仕上げた。能登産の卵など、自分たちの目と舌で選んだ食材のみ使用する。

MENU

ふわふわシフォンボールボーノ	1個	190円
焼きドーナッツ	1個	170円
ジュエリードーナッツ	1個	220円

（いずれも税込）

洋菓子工房
ドルチェ・カンパーニュ

金沢市長町 2-5-3
076-261-2194
11:00 ～ 19:00
無休
3台

烏鶏庵の

烏骨鶏かすていら

MENU

烏骨鶏かすていら　2号

プレーン　1555円

抹茶、黒糖　各1620円

（いずれも税込）

烏鶏庵《うけいあん》

金沢市西念4-22
076-223-2266
9:30～19:00
無休
10台

希少卵の濃厚なコク

人気の「烏骨鶏かすていら」は、金沢市にある自社農場で育てた天来烏骨鶏卵を使ったぜいたくな逸品。上品な甘さで、しっとりとした食感に仕上げてある。卵の濃厚な味わいを損なわぬよう、素材を厳選し、砂糖の使用は控えめにした。2代目社長の河内孝一さんは「砂糖の甘みよりも、天来烏骨鶏卵の濃厚なコクを存分に味わってほしい」と力を込める。

カステラの黄色は卵の黄身そのものであり、着色料や保存料は使用していない。プレーンのほか、抹茶、黒糖、金箔の種類がある。

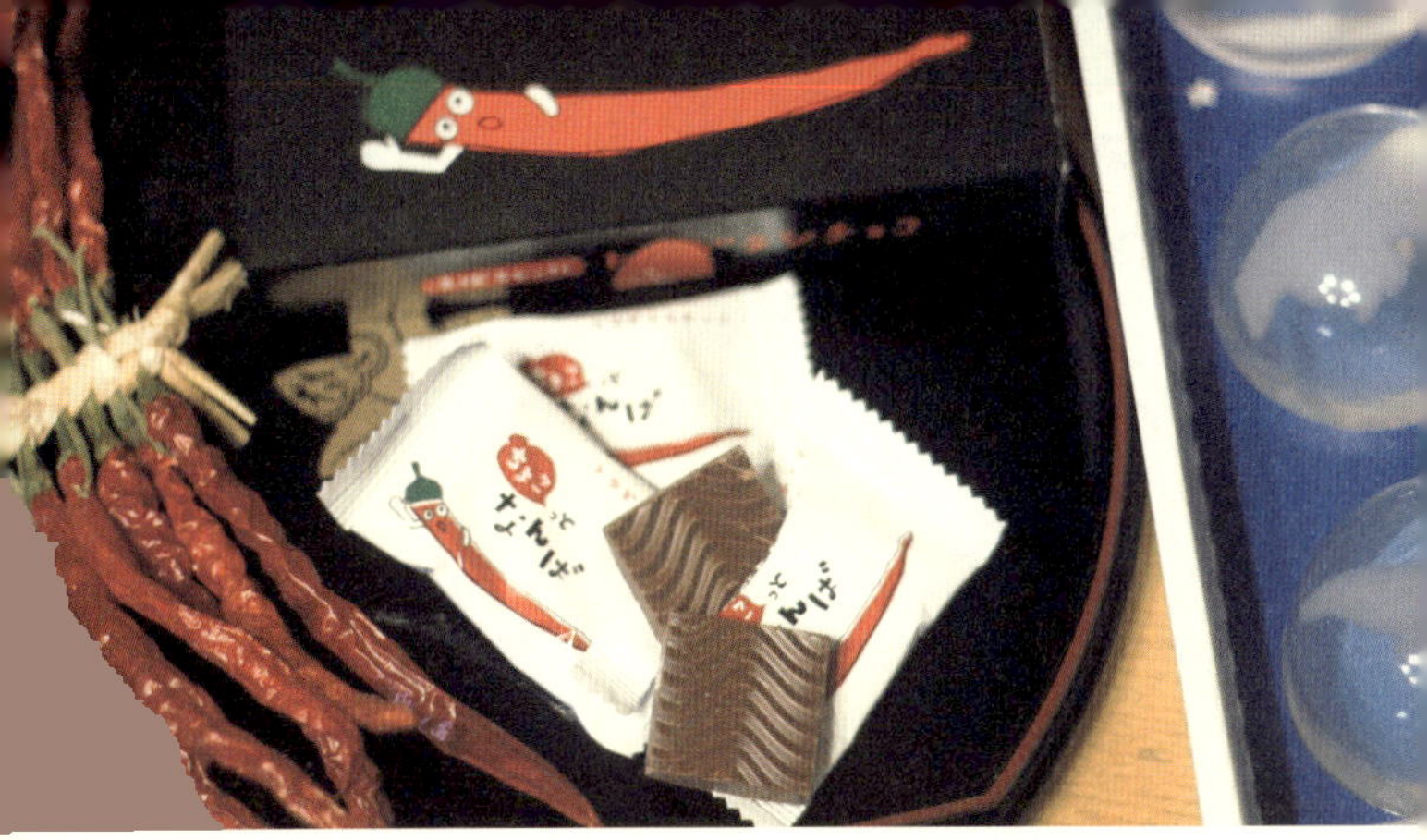

アンテの

ちょこっとなんば

燃える辛さの唐辛子チョコ

黒地に赤の「剣崎なんば」が描かれた、箱も素敵な唐辛子チョコ「ちょこっとなんば」。２０１２年の発売以来、多くのファンを獲得している。

白山市剣崎町で生産される伝統の激辛唐辛子、剣崎なんばを粉末にして高級チョコに煉りこんだ。チョコのやさしい甘みの後に、燃えるような辛さが口に広がる。しかし、ただ辛いだけではない。剣崎なんば特有の、ほのかな甘みとコクも感じられれ、クセになる味だ。

２０１３年「モンドセレクション」デザート部門で銀賞に輝いた。

MENU

ちょこっとなんば	10個入り	540円
海のなかましおゼリー	3個入り	648円

(いずれも税込)

アンテ

加賀市篠原新町 1-162
0761-74-8002
9:00 ~ 17:30
土日祝休
10台

MENU

あわびめし		1350 円
能登むしあわび	100g あたり	8640 円
鰤のたたき	100g あたり	864 円

(いずれも税込)

金沢・逸味　潮《うしお》屋《や》

金沢市木ノ新保町 1-1　金沢百番街「あんと」内
076-222-0408
8:30 ～ 20:00、無休
金沢駅駐車場利用
(有料、2000 円以上の買い物で 1 時間無料)

潮屋の

あわびめし

極上の香りと食感

1980年創業の海産物店。JR金沢駅の金沢百番街「あんと」限定で販売する弁当「あわびめし」が人気だ。「能登むしあわび」を作る際に出る煮汁でふっくらと炊き上げる。

煮汁には、豊潤な香りが特長の金沢・大野の丸大豆醤油と加賀の純米酒を使用する。ご飯に染み込んだ奥深い風味と、上に添えた能登むしあわびの軟らかい食感が絶妙だ。添加物は一切使っていない。

看板の「鰤《ぶり》のたたき」は、表面は香ばしく、中はとろけるようなジューシーさで、こちらも人気が高い。

川木商店の

ドジョウのかば焼き

MENU

ドジョウのかば焼き　1本120円（税込）
（入荷が無いときもあるので、電話で事前に確認を。盆は10本単位で販売）
ウナギのかば焼き　時価

川木商店《かわきしょうてん》

金沢市青草町88　近江町いちば館1階
076-231-5982
9:00～17:00（日曜は9:00～16:00）
無休
近江町市場駐車場利用（有料）

表面パリッ、中ふっくら

金沢の夏の風物詩である「ドジョウのかば焼き」は、創業時から一貫して国産のドジョウを使用する。なじみの仕入れ先の品でも、骨が硬かったり、やせていたりした場合は購入しないなど、質にこだわる。

焼くのは七輪の炭火。強火で手際よく焼くことで、表面パリッ、中はふっくらと仕上がる。

素焼き後、炉辺にドジョウを打ち付け、尾びれの焦げを落とす。醤油、みりんなどで調合した甘辛いタレで付け焼きする。タレが染み込みツヤが出て、見た目にも食欲をそそる。

舟楽の

手押し棒鮨

深い余韻の押し寿司

酢飯をこね、型に詰め、手押しして仕上げる「手押し棒鮨」。「鯖」は、濃厚なサバのうま味とまろやかなシャリが絶妙に絡み合い、深い余韻を残す。サバを包む白昆布の磯の香りがアクセントになっている。

人気の「のどぐろ」は、白身のトロと称される高級魚ノドグロを使った逸品。酢ベースの調味液にノドグロを漬けた後、黄金色になるまであぶる。シャリと合わせ手押し後、再度表面を焼き、脂とシャリをよく調和させる。かむほどに身の甘みがじんわり広がり、幸せな気分に。

MENU

手押し棒鮨	鯖	1本 1699円
	のどぐろ	1本 2399円

（いずれも税込）

手押し棒鮨　舟楽《しゅうらく》

金沢市上近江町 24-1
076-232-8411
9:00 ～ 17:00
無休（1/1 ～ 1/3 休み）
近江町駐車場利用（有料）

珍味のかさいの

あげ丸天

MENU

あげ丸天　1 個 120 円～（税別）

珍味のかさい

金沢市米泉町 8-8
076-247-2262
9:00 ～ 18:00（祝日は～ 17:00）
日曜休（7 月・12 月は除く）
7 台

もっちり滑らかな食感

海産物の加工珍味を手がける。豊富な商品の中でも、とりわけ人気なのが「あげ丸天」。スケソウダラとイトヨリダイの白身のすり身で作る、高級感あふれるさつま揚げだ。かまぼこ用に使われるすり身の中でも、上質のものにこだわる。

枝豆ひじき、しそ貝柱など定番の具材のほか、五郎島金時、加賀れんこんといった季節商品もある。

魚から出るエキスで調味する。ほんのりとした甘みと、もっちり滑らかな食感が魅力。所々に混ざる具材が、味のアクセントになっている。

MENU

たらの子味付け（缶詰）	大	500円
お吸い物最中 加賀懐石風	1個	220円
モナカ・デ・スープ	1個	258円

（いずれも税別）

ふくら屋

金沢市泉 3-6-48
076-242-3810
9:00 ～ 18:00
日曜休
2台

ふくら屋の

たらの子味付け

秘伝のタレがしみた味

北陸名産「たらの子味付け」の発売は、大正末期にまで遡る。

12～4月の雪降る荒海でとれるマダラの子の中でも、2、3月の成熟したものにこだわる。下処理したマダラの子を、当時から受け継ぐ秘伝の甘辛いタレで煮る。缶の中には、大きな輪切りがびっしり詰る。熱々のご飯に汁ごとかけるほか、酒の肴にも。かめばサクッと軽快に砕ける。

マダラの子を醤油、砂糖で煮るのは、北陸独特の習慣といわれる。帰省の折、5、6缶まとめ買いする客もいる。

吉市醤油店の

白山むらさき

１００年前の醤油を再現

　１９００年創業の老舗醤油店。代々受け継ぐ醸造法を守る。

「白山むらさき」は、創業時の甘口・旨口醤油を再現したもの。５代目店主の吉田昇市さんは「この品は、北陸の甘口・旨口醤油の原形です」と語る。甘みは甜菜（砂糖大根）糖で、旨味は天然だしで出す。国産で、しかも１００年以上前からある原料にこだわった。

「加賀白山むらさき」は、白山むらさきに、地元産大豆を炒って加えた。白身の刺し身などに使うと、大豆の芳しさが風味を引き立てる。

MENU

白山むらさき	300ml	860円
加賀白山むらさき	300ml	1000円
醸し漬けふぐの子	37g	1100円

（いずれも税込）

吉市《よしいち》醤油店

白山市安吉町 78
076-275-0908
8:30 ～ 18:00
日曜・祝日休
3台

米八の

安宅《あたか》乃《の》関所《せきしょ》寿司

秘法で謹製「関所越え」

加賀・小松名物「安宅乃関所寿司」が人気。伝説の安宅の関所越えの押し寿司を、平安期の風格を遵守しつつ、家伝の秘法で謹製した。

6等分されており、サバとベニザケ、ベニザケとブラックタイガー、ブラックタイガーとササゴダイがそれぞれコラボ。一切れが二口サイズもある、昔ながらの製法を守る。

とれたての新鮮なネタと、締めた後、食べごろまで熟成させ、うま味を出してから提供するネタがある。シャリは、地元産の特別栽培米コシヒカリ「蛍米」を使用する。

MENU

安宅乃関所寿司 1080円（税込）
昼すしコース　5500円（税別）
　　　　　　　6500円（税別）

割烹・鮨 米八《よねはち》

小松市松任町58
0761-24-1717
11:30～21:00
月曜休
7台

曽良かぶら生産組合の

かぶら寿し

サバとカブの調和が秀逸

冬の味覚「かぶら寿し」。仕込みは自家栽培の白カブを輪切りにし、3日間塩で下漬けすることから始まる。

ブリの代わりに、近海で水揚げされたサバを能登の天然塩で締めてカブに挟む。ニンジン、ユズ、鷹の爪の千切りを散らし、自家製の甘酒を振って3日間、じっくり発酵させる。

原料はすべて地元産で、自然の風味を大切にした本物の味わい。添加物は一切使っていないのが自慢だ。

シャキシャキとした歯ごたえや脂ののったサバ、こうじの甘みなどが相まって、贅沢な味が楽しめる。

MENU

かぶら寿し	1kg 入り	3300 円
	1.5kg 入り	4950 円

（いずれも税別。送料別途）

曽良《そら》かぶら生産組合

穴水町曽良ル 6-12
0768-58-1180
8:00 ～ 12:00
（販売は 11 月中旬～ 1 月 20 日）
販売期間中は無休
3 台

旬を味わう

食彩時記

とびっきりの魚介と「加賀野菜」。四季を彩る、旨し素材の数々。

春

● イサザ

「スベリ」とも呼ばれるウキゴリの幼魚。二杯酢とともに生きたまま飲み込む「踊り食い」で知られる。

● たけのこ

犀川上流の別所町では、自家掘りのとれたてが味わえる。昆布との炊き合わせがポピュラー。

● 打木《うつぎ》赤皮《あかがわ》赤栗《あまぐり》かぼちゃ

しっとりした食感で、甘みの強いかぼちゃ。鮮やかなオレンジ色の皮が特徴で、料理の彩りにも使われる。

夏

● 金時草《きんじそう》

葉の表が緑、裏が紫色をした野菜。茹でると独特のぬめりが出る。おひたしや天ぷらにしていただく。

● 岩がき

冬場のかきに比べて大きく、食べ応えがある。味は濃厚で、レモンを搾っての生食か、焼きがきが最高。

● 加賀太きゅうり

直径約6cmというビッグサイズ。身は厚いが軟らかい。酢の物やあんかけで。ビールのCMで全国区に。

秋

● さつまいも

金沢北部の砂丘地で栽培され、「五郎島金時」と呼ばれる。甘みが強く、焼きいもにぴったり。

● 甘えび

1年を通じて獲れるが、卵を抱いたメスが獲れるのは秋から冬。トロリとした濃厚な甘みが絶品。

● ノドグロ

脂ののった身は、ジューシーかつ上品な旨味。刺身や焼きで堪能しよう。正式名は「アカムツ」。

冬

● ブリ

加能ガニとならぶ北陸の「キング・オブ・魚介」。刺身が王道だが、近年はぶりしゃぶも人気。

● 源助だいこん

ずんぐりとした円筒形で、軟らかい肉質が特徴。煮くずれしにくいため、おでんに最適。

● 加能ガニ

石川で獲れるオスのズワイガニ。「日本海の冬の味覚の王様」。メスのコウバコも併せて味わいたい。

「加賀野菜」とは

金沢やその近郊で昭和20年以前から栽培されている伝統的な野菜のこと。紹介している6種のほか、「加賀つるまめ」「金沢一本太ねぎ」「ヘタ紫なす」「加賀れんこん」「二塚からしな」「せり」「赤ずいき」「くわい」「金沢春菊」の計15品目が認定されている。

呑みくらべ

銘酒カタログ

土地の味には、土地の酒。知っておきたい10銘柄を紹介。

適温（飲みごろの温度）	
冷……	5〜10℃に冷やして
常……	15〜20℃の冷暗所に
ひと肌燗……	35℃前後
ぬる燗……	40℃前後
温……	40〜45℃
熱……	50℃までの熱燗

イ 加賀雪梅《かがせつばい》 純米酒

能登杜氏が醸す、昔ながらのごく当たり前に旨い純米酒。穏やかで丸みのある味わい。

適温 ◎常 ○冷

中村酒造（金沢市）

ロ 加賀鶴《かがつる》 純米吟醸 金沢

なめらかな口当たりで、米の旨味・香りのバランスが秀逸。まさに「金沢」の酒。

適温 ◎冷・常

やちや酒造（金沢市）

ハ 遊穂《ゆうほ》 純米吟醸酒

濃厚な旨口で酸味が調和し、控えめな吟醸香が広がる。和食だけでなく、洋食にも合う。

適温 ◎常 ○冷

御祖《みおや》酒造（羽咋市）

ニ 能登誉《のとほまれ》 純米吟醸

2種類の酒米の特徴を生かし、すっきりした中にも純吟らしい華やかさと、旨味が楽しめる。

適温 ◎冷・常

清水酒造店（輪島市）

ホ

宗玄《そうげん》 大吟醸

華やかな香りと細やかな味のふくらみが楽しめる。能登杜氏の技術が結集した逸品。

適温 ◎冷・常

宗玄酒造（珠洲市）

ヘ

手取川《てどりがわ》 山廃仕込純米酒

コクがありながら切れがよく、喉を通る時に若干の華やかな香りが感じられる。

適温 ◎常○ぬる燗

吉田酒造店（白山市）

ト

天狗舞《てんぐまい》 山廃仕込純米酒

山廃特有の濃厚な香味と酸味が調和した、個性豊かな純米酒。車多酒造の看板商品。

適温 ◎熱 ○冷

車多《しゃた》酒造（白山市）

チ

菊姫《きくひめ》 山廃仕込純米酒

米の旨みを目一杯引き出した純米酒。酸味が効き、濃醇で飲みごたえある「男酒」。

適温 ◎常・熱

菊姫合資会社（白山市）

リ

萬歳楽《まんざいらく》 花伝 本醸造

萬歳楽といえばこれ。まろやかな口当たりと旨み、すっきりした飲み口のドライテイスト。

適温 ◎冷・温

小堀酒造店（白山市）

ヌ

常《じょう》きげん 山廃仕込純米酒

どっしりとコクのある飲み口と、鋭いキレ味。能登杜氏と7人の蔵人が作り上げた逸品。

適温 ◎常・ぬる燗

鹿野《かの》酒造（加賀市）

↑至金沢東I.C.
神宮寺
浅野本町
⊗金沢東署
東インター大通り
東大通り
昌永町
元町
山の上
石川全図
輪島市
珠洲市
能登
NOTO
七尾市
羽咋市
金沢
KANAZAWA
金沢市
野々市市
白山市
小松市
加賀
KAGA
加賀市
森山町
城北大通り
359
東山
馬場小
東山
東山
東山観光駐車場
卯辰山寺院群
金沢卯辰山工芸工房
卯辰町
主計町
尾張町
鶯町
卯辰山公園
ひがし茶屋街
近江町市場駐車場（入口）
浅野川大橋
橋場
橋場町
東山河畔観光駐車場
尾張町
梅ノ橋
徳田秋聲記念館
泉鏡花記念館
近江町パーキングビル
寺島蔵人邸跡
尾崎神社
橋場町
天神橋
大手堀
大手町
丸の内
大手町
兼六元町
材木町
金沢城公園
（白鳥路）お堀通り
兼六園下
兼六園下
石川県兼六駐車場
常盤町
石川県観光物産館
横山町
石川門
小将町
兼六東大通り
加賀友禅伝統産業会館
しいのき迎賓館
東兼六町
広坂
兼六町
兼六園
兼六坂パーキング
金沢21世紀美術館
成巽閣
金沢市役所・美術館駐車場
石川県立美術館
出羽町
金沢歌劇座
本多の森ホール
石引
宝町
金沢くらしの博物館
至医王山
金沢大学角間キャンパス
石引町
石川県石引駐車場
小立野通り
金沢大学附属病院
鱗町
犀川大通り
本多町

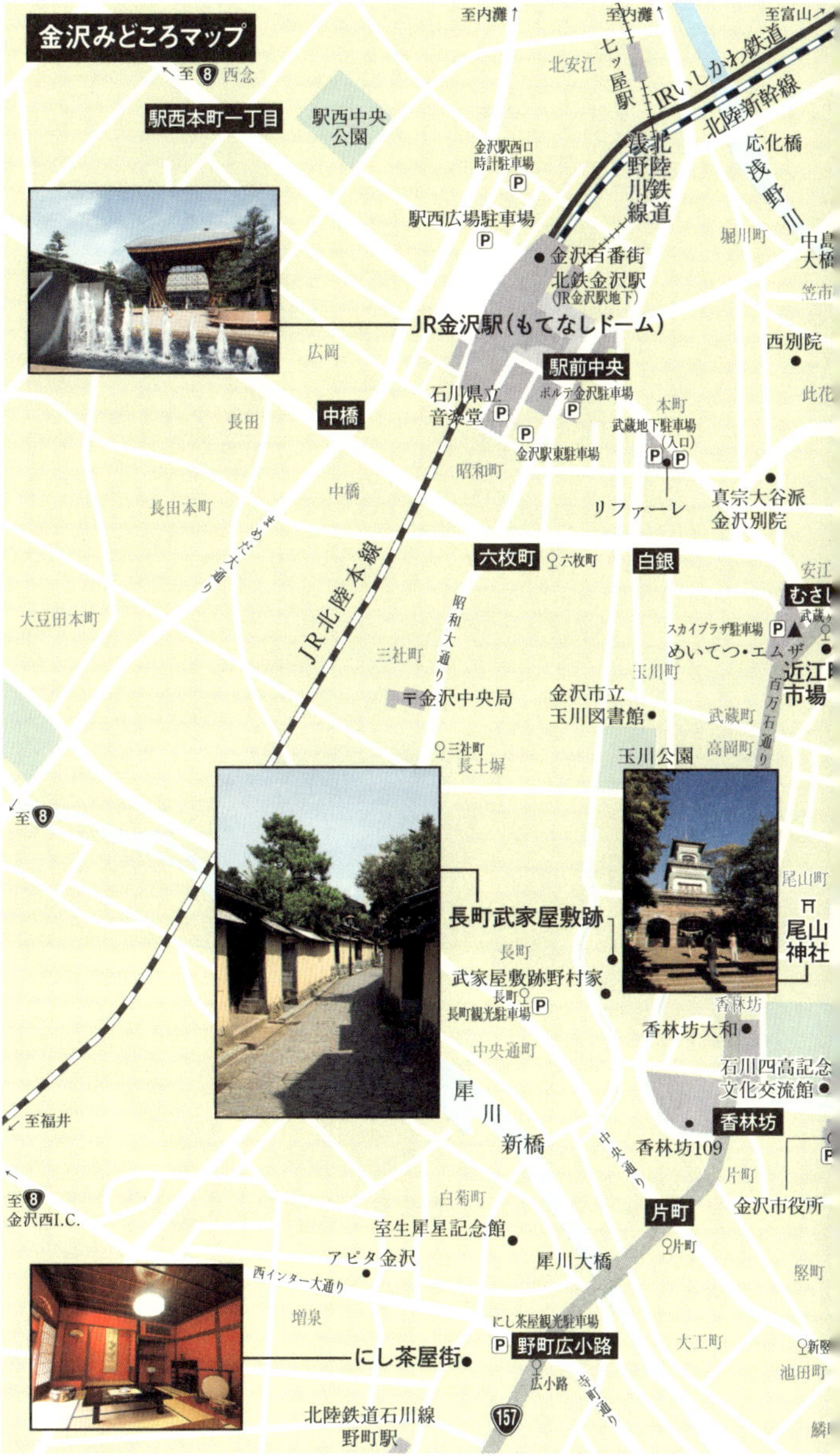

金沢みどころマップ
至内灘
至内灘
至富山
至8西念
駅西本町一丁目
駅西中央公園
北安江
七ツ屋駅
IRいしかわ鉄道
北陸新幹線
北陸鉄道浅野川線
応化橋
浅野川
金沢駅西口時計駐車場
駅西広場駐車場
堀川町
中島大橋
金沢百番街
北鉄金沢駅
(JR金沢駅地下)
笠市
JR金沢駅(もてなしドーム)
西別院
広岡
駅前中央
石川県立音楽堂
ポルテ金沢駐車場
本町
此花
武蔵地下駐車場
(入口)
長田
中橋
金沢駅東駐車場
昭和町
中橋
長田本町
リファーレ
真宗大谷派金沢別院
まちだ大通り
JR北陸本線
六枚町
六枚町
白銀
安江
むさし
武蔵
大豆田本町
昭和大通り
スカイプラザ駐車場
めいてつ・エムザ
三社町
玉川町
近江町市場
百万石通り
金沢中央局
金沢市立玉川図書館
武蔵町
三社町
高岡町
長土塀
玉川公園
至8
尾山町
長町武家屋敷跡
尾山神社
長町
武家屋敷跡野村家
長町
長町観光駐車場
香林坊
香林坊大和
中央通町
石川四高記念文化交流館
犀川新橋
香林坊
至福井
中央通り
香林坊109
至8金沢西I.C.
片町
白菊町
金沢市役所
室生犀星記念館
片町
片町
アピタ金沢
犀川大橋
竪町
西インター大通り
増泉
にし茶屋観光駐車場
大工町
野町広小路
新竪町
にし茶屋街
広小路
寺町通り
池田町
北陸鉄道石川線野町駅
157

あとがき

読売新聞の石川版に長期連載させていただいた「いい味見つけた」の記事と写真が、こんな素敵なガイドブックに生まれ変わりました。こういう形で発刊していただけたのは大きな喜びです。

北は珠洲市三崎町から、南は加賀市大聖寺まで、石川県内のおいしいお店を訪ね歩きました。スローフードと呼ばれる伝統食もあれば、洋食、中華、おでん、麺類、和洋菓子と、取り上げたお店は多岐にわたります。掲載後、お店の方から『新聞を見ました』と言って、お客さんがたくさんお越しになりました」とうれしい一報も数多くいただきました。読者の方々の後押しに、心よりお礼申し上げます。

結びに、取材で深く感銘を受けた3つのエピソードにふれさせていただきます。①「この店で提供する品は、本物ばかり」と断言する店主。②町の小さな和菓子屋にもかかわらず、今では珍しくなった自家製餡にこだわる店。③7月1日の「氷室の日」に発売する「氷室まんじゅう」。最良のものを作ろうと、この日のために365日酒種の世話をし続ける店も。食のあり方は、時流に左右されがちですが、自分の品格を懸けてより良い物づくりに精を出す。そこに、仕事人の原点を見る思いがしました。ともかく、金沢は食べ物がおいしい。山も海も近く、まさに食材の宝庫です。雅で色気のある独特の文化も息づいています。地元の人、転勤で金沢に来た人、観光客の方々が本書に興味を持ち、お店に行ってみようかなと思ってくだされば幸いです。

書籍化の道筋をつけて下さったのは、数年前、読売新聞金沢支局でデスクをされていらっしゃった岡本公樹さん。岡本さんには、足を向けて寝られません。大森亜紀金沢支局長はじめ、読売新聞社の皆さま。気持ちよく取材にご協力してくださった各お店。そして、出版に向けてご尽力いただいた能登印刷出版部の吉田智史さん、私のわがままに快くお付き合いくださった担当編集の高岸丈弥さん、制作に携わった能登印刷のスタッフの方々のおかげで、ここまでたどり着くことができました。ご縁をいただいたすべての皆さまに深く感謝申し上げます。

2015年2月

青田さと子

	能登食祭市場	浜焼き	104
	のぼる	ラーメン	122
は	はた坊	うどん	136
	8番らーめん	ラーメン	108
	百万石花園屋	和菓子	171
	百楽荘	割烹・小料理	30
	ひら井	海鮮丼	72
	ふくら屋	テイクアウト	184
	福わ家	うどん	50
	ぶどうの木	イタリアン	84
	ベジキッチン・祥	創作料理	82
	ボ・ボ	イタリアン	80
ま	宮川	そば	128
	桃組	カフェ	144
	森八	和菓子	166
	もんぜん	居酒屋	40
や	やぶ新橋店	海鮮丼	110
	やまぎし	そば	116
	山乃尾	料亭	16
	行松旭松堂	和菓子	174
	夢ミルク館	カフェ	156
	吉市醤油店	テイクアウト	185
	米八	テイクアウト	186
ら	料理小松	割烹・小料理	20
	ル ミュゼ ドゥ アッシュ	カフェ	152
	running	和菓子	175
	六花	割烹・小料理	38
わ	若葉	おでん	96

シェ·ヌウ　フレンチ……26
しお·CAFE　カフェ……160
嗜季　割烹・小料理……12
シャルマ　カレー……100
十月亭　割烹・小料理……46
自由軒　洋食……70
舟楽　テイクアウト……182
SHO-TATSU　創作料理……60
庄屋の館　創作料理……112
じょんがら　そば……130
神仙　ラーメン……124
杉の井　料亭……22
助ずし　寿司……58
珠洲製塩　そば……138
清香室町　和菓子……169
全開口笑　中華……76
千取寿し　寿司……18
草庵　そば……132
曽良かぶら生産組合　テイクアウト……187
た
大松庵　和菓子……173
大名茶家　割烹・小料理……34
竹内　和菓子……176
田村　居酒屋……48
珍味のかさい　テイクアウト……183
つば甚　料亭……24
つぼみ　カフェ……150
つる幸　料亭……10
てらおか風舎　ステーキ……28
東木　割烹・小料理……36
ドルチェ·カンパーニュ　洋菓子……177
どんすきー　うどん……120
な
中田屋　和菓子……167
ニュー狸　洋食……78
野田屋茶店　カフェ……154

店名さくいん

あ	アンテ	洋菓子	179
	いたる	居酒屋	54
	今屋	和菓子	165
	鰯組	居酒屋	74
	烏鶏庵	洋菓子	178
	潮屋	テイクアウト	180
	うら田	和菓子	170
	オーツカ	洋食	94
	大友楼	料亭	14
か	海鮮どん屋	海鮮丼	42
	鶴仙渓「川床」	カフェ	158
	神楽	ラーメン	126
	割烹つづみ	割烹・小料理	8
	金沢彩匠	和菓子	172
	かなざわ石亭	割烹・小料理	52
	金澤プレミナンス	フレンチ	66
	金沢まいもん寿司	寿司	98
	亀屋	そば	134
	カレーのチャンピオン	カレー	102
	川木商店	テイクアウト	181
	菊一	おでん	92
	きふじん	居酒屋	64
	木村功商店	浜焼き	106
	金花糖	カフェ	148
	空海	居酒屋	44
	クッチーナ	イタリアン	86
	久連波	カフェ	146
	黒百合	おでん	90
	源左ェ門	居酒屋	56
	口福	居酒屋	68
	越山甘清堂	和菓子	164
さ	坂尾甘露堂	和菓子	168
	茶房一笑	カフェ	142
	更科藤井	そば	118

［著者略歴］

青田さと子（あおた・さとこ）

石川県出身。著述家。国際薬膳食育師。前職は大手通販会社の広報責任者。大学時代より数々の料理コンクールに出場。1990 年、第 1 回シシャモ料理コンテスト全国大会（カナダシシャモ協会主催）最優秀賞。2005 年、木村治美エッセイ大賞（日本文学館主催）佳作。ほか受賞多数。読売新聞石川版で 10 年以上連載を担当。

いい味《あじ》みつけた　金沢《かなざわ》・加賀《かが》・能登《のと》

二〇一五年三月十四日　第一刷発行

著　者　青田さと子

発行者　能登隆市

発行所　能登印刷出版部

〒九二〇－〇八五五

石川県金沢市武蔵町七番一〇号

電　話〇七六－二二二－四五九五

FAX〇七六－二三三－二五五九

印刷・製本　能登印刷株式会社

ISBN978-4-89010-648-6 C0026